마이크로서비스 구축과 운영

마이크로서비스 구축과 운영

표준화 시스템 구축으로
서비스 생산과 운영 준비하기

수잔 파울러 지음 서영일 옮김

i!i
에이콘

수잔 파울러 Susan Fowler

우버 테크놀로지스의 사이트 안정 엔지니어다. 모든 마이크로서비스의 생산 준비를 계획하고 주요 사업 담당 팀에 합류해 서비스를 생산 준비 상태로 이끄는 데 시간을 바쳤다. 우버에 입사하기 전에는 여러 소규모 스타트업에서 애플리케이션 플랫폼 및 인프라 업무를 담당했다. 그전에는 펜실베이니아대학교에서 입자 물리학을 배웠고 초대칭성을 탐구했으며 ATLAS 및 CMS 탐지기에 대한 하드웨어를 설계했다.

감사의 글

이 책은 남편 채드 리게티Chad Rigetti에게 바친다. 그는 필자가 호언장담하는 마이크로서비스에 대한 이야기를 듣기 위해 양자 컴퓨터를 개발하는 데 보내야 할 시간을 뺏겼다. 그리고 기쁜 마음으로 필자를 매 순간 격려해줬다. 그의 사랑과 전폭적인 지원이 없었다면 이 책을 쓸 수 없었을 것이다.

또한 필자의 자매인 마타Martha와 사라Sara에게도 감사한다. 이들의 투지, 유연함, 용기, 쾌활함은 필자 인생의 매 순간과 모든 면에 영감을 줬다. 그리고 오랜 시간 동안 가장 친한 친구이자 가장 열렬한 지지자인 샤론 반 타인Shalon Van Tine에게도 감사한다.

집필 초기, 초안에 대해 의견을 제안했던 모든 분에게 깊은 감사를 드린다. 우버의 동료 및 개발 조직에서 이 책의 원칙과 계획을 실현하기 위해 노력해준 모든 엔지니어에게도 감사한다.

브라이언 포스터Brian Foster, 난 바버Nan Barber, 기술적인 검토에 도움을 주신 분들, 그 밖의 오라일리의 훌륭한 직원분들이 없었다면 아무것도 할 수 없었을 것이다. 당연하게도 필자는 이러한 분들 덕분에 책을 쓸 수 있었다.

서영일(ted0918.seo@gmail.com)

2006년부터 삼성전자 종합기술원 연구원, LG전자 소프트웨어 엔지니어로 근무했다. 소프트웨어 연구 개발 경험이 풍부하고 소프트웨어 아키텍처, 알고리즘, 데이터 분석, 성능 최적화 등에 관심이 많다. 소프트웨어 개발자로서 새로운 분야의 기술을 공부하는 것을 즐기며 자신만의 오픈 소스 프레임워크를 만들어보는 것이 꿈이다.

옮긴이의 말

외부의 빠른 변화와 요구 사항을 수용하고 이에 부응하는 서비스를 재빠르게 안정적으로 사용자에게 제공해야 하는 기업에 있어서 마이크로서비스 아키텍처 도입은 최근 몇 년간 최고의 선택으로 여겨졌다. 하지만 조직의 규모가 클수록 마이크로서비스 아키텍처를 성공적으로 도입하고 마이크로서비스 생태계를 구축해 지속적으로 원활하게 운영하는 일은 그리 호락호락하지만은 않다. 따라서 마이크로서비스 아키텍처를 도입한 대부분의 기업에서 수많은 마이크로서비스의 변경 사항을 하루가 멀다 하게 처리하고 신뢰성 있는 전개와 서비스 운영을 안정적으로 유지하기 위해 데브옵스와 사이트 안정 엔지니어링의 중요성이 날로 더해지고 있는 것이 사실이다.

이 책은 저자 수잔 파울러가 여러 소규모 스타트업 회사와 차량 서비스 플랫폼 회사로 유명한 우버에서 사이트 안정 엔지니어^{SRE, site reliability engineer}로서 축적한 마이크로서비스 생태계 구축 및 운영에 필요한 원칙과 마이크로서비스의 생산 준비 기준을 다루고 있다. 이에 앞서 마이크로서비스 아키텍처에 대한 기초적인 개념을 소개하고 마이크로서비스 아키텍처 도입으로 비롯되는 조직적, 운영적 측면의 문제를 폭넓게 다루고 있다. 만약 이 책을 아직 접하지 않았거나 관련 경험과 통찰력 없이 마이크로서비스 아키텍처 도입을 시도한다면 진행 과정에서 으레 부딪히거나 시행착오를 충분히 겪을 만한 것들이라 할 수 있다. 이 책에는 저자가 수많은 개발 팀과 협업하면서 마이크로서비스가 갖춰야 하는 기준을 개발 팀에 이해시키고 적용하는 과정에서 겪은 경험으로부터 나온 조언들이 곳곳에 스며들어 있다. 또한 마이크로서비스가 안정성, 신뢰성, 확장성, 내결함성, 성능, 모니터링, 문서화, 재난 대비성을 갖추기 위해 확인해야 하는 세세한 요구 사항과 마이크로서비스 점검 목록이 모든 회사에 공통으로 적용할 수 있을 만큼 잘 정리돼 있다.

독자의 궁극적인 목표는 생산 준비 기준을 충족한 마이크로서비스 아키텍처 기반의 서비스를 출시하고 운영하는 것이다. 독자는 이 책을 통해 고가용성 시스템을 구축해 이것을 지속적으로 운용할 수 있고 자동화할 수 있는 표준화된 절차를 회사의 조직에 정착시킬 수 있는 통찰력을 얻을 수 있을 것이라 확신한다. 마이크로서비스에 생산 준비 기준을 적용하고 각각의 기준을 만족하기 위해 무엇을 해야 하는지를 알 수 있을 뿐 아니라 서비스에 문제를 일으킬 만한 위험 요소를 사전에 적절히 제거하고 향후 발생 가능한 재난에 능숙하게 대비하는 데 좋은 지침이 되리라 생각한다. 마이크로서비스 생태계를 처음 접하는 독자라 하더라도 마이크로서비스 개발에 관한 개발 절차, 개발 환경, 전체적인 흐름을 파악하고 마이크로서비스 아키텍처를 도입해 무엇을 해야 하고 마이크로서비스 생태계를 어떻게 운영해야 하는지에 대한 방향을 잡을 수 있을 것이다.

마이크로서비스 아키텍처 구축에 관한 서적을 번역할 수 있는 기회를 주신 에이콘출판사 관계자 여러분께 감사의 인사를 드린다. 그리고 남편과 아빠의 출간 작업을 위해 많은 시간 함께 하지 못한 아내와 하윤이에게 미안함과 고마움을 전한다.

차례

6장 모니터링 155

들어가며

이 책은 필자가 우버 테크놀로지스에 사이트 안정 엔지니어로 합류하고 몇 달 후에 진행하기 시작한 생산 준비 계획에서 시작됐다. 우버의 거대하고 획일적인 API는 점차 여러 마이크로 서비스로 나뉘었고 필자가 우버에 합류했을 때는 거대 API에서 분리된 수천 개가 넘는 마이크로서비스가 동시에 실행 중이었다. 이러한 마이크로서비스는 담당 개발 팀이 설계, 구축, 유지 보수했으며 그중 85% 이상이 사이트 안정 엔지니어링 팀의 관여가 거의 없거나 사이트 안정 엔지니어링 팀에 문의조차 없었다.

사이트 안정 엔지니어를 고용하고 사이트 안정 엔지니어링 팀을 설립하는 것은 매우 어려운 일이다. 사이트 안정 엔지니어가 아마도 가장 힘든 유형의 엔지니어이기 때문일 것이다. 사이트 안정 엔지니어링 분야는 아직까지 비교적 새로운 분야이며 사이트 안정 엔지니어는 소프트웨어 엔지니어링, 시스템 엔지니어링, 분산 시스템 아키텍처 분야의 전문가여야 한다. 필자가 있던 사이트 안정 엔지니어링 자문 팀이 탄생한 이유는 모든 팀 내에 사이트 안정 엔지니어링 팀을 신속하게 배치할 방법이 없었기 때문이다. 사이트 안정 엔지니어링 자문 팀의 지침은 전체 마이크로서비스 중에서 사이트 안정 엔지니어링 팀이 관여하지 않은 85%의 마이크로서비스에 대해 높은 기준을 적용할 수 있는 방법을 찾는 것이었다.

우리 팀의 임무는 이처럼 간단했지만 지침이 막연했기 때문에 우버의 모든 마이크로서비스가 따라야 할 일련의 기준을 정의하는 데 상당한 시간을 낭비해야만 했다. 대규모 기술 조직 내에서 운영하는 모든 마이크로서비스에 적용할 수 있는 높은 기준을 마련하는 일은 쉽지 않았다. 따라서 필자의 동료인 릭 분^{Rick Boone}의 도움을 받아 프로덕션 트래픽을 처리하기 전에 우버의 모든 서비스가 충족해야 하는 기준에 대한 점검표를 만들었다. 릭 분이 우버의 마이크로서비스를 지원하면서 적용했던 높은 기준은 이 책을 집필하는 데 영감을 줬다.

모든 서비스에 적용할 수 있는 기준에 대한 점검표를 만들기 위해 모든 특정 요구 사항에 부합하고, 이를 포괄할 수 있는 전반적인 원칙을 찾아야만 했다. 그리하여 다음과 같은 여덟 가지 원칙을 제안했다. 우버의 모든 마이크로서비스는 안정성, 신뢰성, 확장성, 내결함성, 성능, 모니터링, 문서화, 재난 대비성을 갖춰야 한다. 이러한 각각의 원칙에는 서비스가 안정적이고, 신뢰할 수 있고, 확장 가능하고, 내결함성이 있고, 성능이 좋고, 모니터링 가능하고, 문서화되고, 재난에 대비할 수 있는 것이 무엇인지를 정의한 각각의 기준이 있었다. 중요한 것은 각 원칙을 정량화할 수 있어야 하며 각 기준에 따라 마이크로서비스의 가용성을 크게 증가시킬 수 있는 주목할 만한 결과를 얻을 수 있어야 한다는 점이다. 이러한 기준에 부합하는 서비스 및 요구 사항을 충족하는 서비스는 생산할 준비가 된 것으로 간주했다.

다음으로 한 일은 모든 팀에 효과적이고 효율적인 방법으로 이러한 기준을 추진하는 것이었다. 필자는 사업에 중요한 서비스(이러한 서비스가 가동을 멈추면 애플리케이션을 중단시킨다)를 다뤘던 사이트 안정 엔지니어링 팀에서 상세한 절차를 만들었다. 팀과 함께 아키텍처를 검토하고 서비스 검사를 실시했다. 서비스가 각각의 생산 준비 요구 사항을 충족했는지의 여부에 따라 점검표에 "예" 또는 "아니요"라고 표시했다. 그리고 문제가 되는 서비스를 생산 준비 상태로 만드는 방법을 자세히 설명한 단계별 지침을 포함한 상세 로드맵을 만들었고 각 서비스에 생산 준비성 점수를 부여했다.

가장 중요한 과정은 아키텍처를 검토하는 것이었다. 우리 팀은 회의실에서 서비스를 담당하는 모든 개발자를 모아놓고 삼십 분 내에 서비스 아키텍처를 화이트보드에 그려보도록 했다. 그 결과, 우리 팀과 개발 팀은 서비스 가동 중지를 일으킨 위치와 이유를 쉽고 빠르게 파악할 수 있었다. 마이크로서비스에 관한 엔드포인트^{endpoint}, 요청 흐름, 종속성 등을 도표로 작성하자 모든 장애 지점이 눈에 띄게 드러났다.

아키텍처를 검토할 때마다 많은 작업이 뒤따랐다. 매번 검토가 끝난 후 점검표를 작성했고 서비스가 생산 준비 요구 사항을 충족시키는지 여부를 확인한 후 검사 내용을 팀의 관리자 및 개발자와 공유했다. 생산 준비 여부에 대한 기준이 단순히 서비스의 생산 준비 상태 평가에 유용할 정도로 세분화되지 않았기 때문에 각각의 요구 사항마다 특정 점수를 할당한 후 전체 점수를 서비스에 부여했다.

검사 결과에 따라 로드맵을 만들었다. 로드맵에는 서비스가 충족시키지 못한 생산 준비 요구 사항 목록, 해당 요구 사항을 충족시키지 못해 발생한 최근의 가동 중단에 대한 정보, 요구 사항을 충족시키기 위해 해야 할 작업 설명, 완료되지 않은 작업에 대한 링크, 관련 작업에 할당된 개발자의 이름을 포함시켰다.

필자는 서비스형 생산 준비 작업 절차를 참고해 직접 작성한 생산 준비성에 대한 점검을 마친 후 우버의 모든 마이크로서비스에 대해 항상 수행할 절차 전체를 자동화해야 한다는 것을 깨달았다. 이 책을 집필할 당시 록사나 델 토로^{Roxana del Toro}가 이끌었던 우버의 훌륭한 사이트 안정 엔지니어링 팀은 생산 준비 시스템 전체를 자동화했다.

생산 준비 기준과 관련된 생산 준비 요구 사항과 세부 실행 사항은 우버의 사이트 안정 엔지니어링 조직에 있는 동료와 필자가 무수히 많은 시간 동안 수행했던 계획적이고 신중한 작업의 결과다. 우리는 요구 사항 목록을 만들고 우버의 모든 마이크로서비스에 대해 해당 요구 사항을 실행하면서 수많은 문서를 작성했고 서로 논쟁을 벌였으며 마이크로서비스의 문헌이 매우 희소하고 거의 존재하지 않았음에도 무엇이든 찾아 연구했다. 우버와 다른 회사의 다양한 마이크로서비스 개발 팀을 만나 마이크로서비스를 표준화할 수 있는 방법과 모든 회사의 마이크로서비스마다 적용할 수 있고 사업에 영향을 미치는 주목할 만한 결과를 만들어낼 수 있는 보편적인 표준화 원칙이 존재하는지를 확인하려고 노력했다. 이 책은 이러한 결과로 만들어진 문서, 논쟁, 회의, 연구를 바탕으로 출간됐다.

샌프란시스코 베이 지역^{Bay Area}에 있는 다른 회사의 사이트 안정 엔지니어 및 소프트웨어 엔지니어와 함께 작업을 시작한 이후, 사이트 안정 엔지니어링 세계뿐 아니라 기술 산업 전체에서 얼마나 생소한 일인지를 알게 됐다. 필자가 글을 쓰기 시작했을 때 많은 엔지니어가 마이크로서비스 표준화와 마이크로서비스의 생산 준비에 필요한 모든 정보 및 지침을 문의하기 시작했다.

글을 쓰는 시점에서는 마이크로서비스 표준화에 대한 문헌이나 마이크로서비스 생태계 유지 및 구축에 대한 지침이 거의 없었다. 더욱이 많은 엔지니어가 모놀리식 애플리케이션을 마이크로서비스로 분리한 후에 품게 되는 의문에 대한 답을 얻을 수 있는 책도 없었다. 이때문에 우리가 무엇을 해야 하는지를 알 수 있었다. 이 책의 야심 찬 목표는 그러한 공백을 메우고 질문에 정확하게 답하는 것이다. 간단히 말하면 이 책은 필자가 우버에서 마이크로서비스를 표준화하기 시작했을 때부터 소유하고 싶었다.

이 책의 대상 독자

이 책은 주로 모놀리스 애플리케이션을 분리하고 "다음에 무엇을 하지?"라고 궁금해하거나 처음부터 마이크로서비스를 구축하고 안정적이고 신뢰할 수 있고 확장성이 있고 내결함성이 있고 성능이 좋은 마이크로서비스를 설계하고 싶은 소프트웨어 엔지니어 및 사이트 안정 엔지니어를 대상으로 썼다.

그러나 이 책에 나와 있는 원칙이 앞서 언급한 주요 독자에게만 유용한 것은 아니다. 훌륭한 모니터링부터 성공적인 애플리케이션 확장에 이르는 많은 원칙을 적용함으로써 모든 조직에서 규모나 아키텍처에 상관없이 서비스 및 애플리케이션을 개선할 수 있다. 엔지니어, 기술 조직 관리자, 제품 관리자, 회사의 고위급 경영진은 이 책을 애플리케이션에 대한 기준 결정, 아키텍처 결정에서 비롯된 조직 구조의 변경 사항 파악, 기술 조직에 대해 구조 및 운영 측면의 방향을 밝히고 추진하는 데 유용하게 활용할 수 있다.

필자는 독자가 마이크로서비스의 기본 개념, 마이크로서비스 아키텍처, 최신 분산 시스템의 기본 원칙에 정통하다고 가정한다. 이러한 개념을 잘 이해하고 있는 독자는 이 책을 최대한 활용할 수 있을 것이다. 1장, '마이크로서비스'에서는 이러한 주제에 익숙하지 않은 독자에게 마이크로서비스 아키텍처, 마이크로서비스 생태계, 마이크로서비스에 수반되는 조직적 과제, 모놀리식 애플리케이션을 여러 마이크로서비스로 분리하는 것의 핵심에 관해 간단한 개관을 다뤘다.

이 책에서 다루지 않은 내용

이 책은 단계별 안내서가 아니다. 각 장에서 다루는 것을 수행하는 방법에 대한 명시적인 지침서도 아니다. 지침서는 많은 양을 할애해야 한다. 이 책의 각 장, 각 절마다 또 다른 책으로 분리할 정도로 많은 양을 다뤄야 한다.

결과적으로 이 책은 매우 추상적인 것으로, 여기에서 얻은 내용을 거의 모든 회사의 마이크로서비스에 적용할 수 있다. 반면, 임의의 한 기술 조직에 접목할 수 있을 정도로 구체적이고 세분화돼 있기 때문에 마이크로서비스를 개선하고 표준화하는 방법에 대한 실질적인 지침을 제공한다. 마이크로서비스 생태계는 회사마다 다를 수 있으므로 권위 있거나 교육적인 단계별 접근법을 찾을 수 있는 이점은 없다. 그 대신, 개념을 도입하고 생산 준비된 마이크로서비스 구축의 중요성을 설명하고 각 개념에 대한 예시를 제시하고 실행 계획을 공유하기로 결정했다.

한 가지 중요한 점은 이 책이 마이크로서비스 및 마이크로서비스 생태계를 구축하고 운영할 수 있는 방법을 모두 포함하는 해박한 내용을 기술하는 것은 아니라는 것이다. 마이크로서비스 및 마이크로서비스 생태계를 구축하고 운영하는 데 있어 유효한 방법이 많다는 점을 인정하는 사람은 필자가 처음일 것이다. 예를 들어 3장, '안정성과 신뢰성'에서 제시하고 권고한 스테이징 – 카나리아 – 생산 단계에 대한 접근법 이외에도 신규 빌드를 시험하는 방법은 많다. 그러나 많은 방법 중에서도 더 나은 방법이 있음을 알아야 한다. 생산 준비된 마이크로서비스를 구축하고 운영하는 가장 좋은 방법을 제시하고 기술 조직 전체에 각각의 생산 준비 원칙을 적용할 수 있도록 많은 노력을 기울였다.

기술은 매우 빠르게 진보하고 변한다. 가능한 한 필자는 독자에게 기존 기술을 사용해 구현하도록 제한하지 않으려 했다. 예를 들어 모든 마이크로서비스의 로깅을 위해 카프카의 사용을 권고하기보다는 생산 준비된 로깅을 위해 중요한 측면을 제시하고 특정 기술 및 실제적인 적용은 독자의 선택에 맡긴다.

마지막으로 이 책은 우버의 기술 조직을 묘사한 것이 아니다. 원칙, 기준, 예제, 계획은 우버에만 국한된 것이 아니며 우버에서 영감을 얻은 것도 아니다. 많은 기술 회사의 마이크로서비스에 의해 진전됐고 영감을 받았으며 모든 마이크로서비스 생태계에 적용할 수 있다. 이 책은 기술적 또는 역사적인 내용이 아니며 생산 준비된 마이크로서비스를 구축하기 위해 이뤄지는 실행 안내서다.

이 책을 활용하는 방법

이 책을 활용할 수 있는 방법은 많다.

첫 번째 접근법은 최소한으로 참고하는 것이다. 관심 있는 부분만 읽고 나머지는 대충 읽거나 건너뛴다. 이 방법으로 얻는 것은 많다. 새로운 개념을 접하고 익숙한 개념에 대한 통찰력을 얻을 수 있고, 일상생활과 업무에서 유용할 수 있는 소프트웨어 엔지니어링 및 마이크로서비스 아키텍처 관점에 대해 생각해볼 수 있는 방법도 얻을 수 있다.

또 다른 접근법은 약간 더 복잡하다. 책을 대강 훑어보고 필요한 부분을 주의 깊게 읽은 후 몇몇 원칙과 기준을 마이크로서비스에 적용한다. 예를 들어 마이크로서비스에 개선된 모니터링이 필요하다면 대부분의 책 내용을 훑어보면서 6장, '모니터링'을 면밀히 읽은 후 6장에 나와 있는 내용을 활용해 서비스의 모니티링, 경고 알림, 가동 중단 대응 절차를 개선한다.

마지막으로 취할 수 있는 접근법은 아마도 가장 얻는 것이 많은 방법이며 독자의 회사에서 책임지고 있는 마이크로서비스를 완전히 표준화하는 것이 목표일 경우 진정으로 생산 준비된 서비스로 만들기 위해 취해야 할 조치다. 독자의 마이크로서비스가 안정적이고 신뢰할 수 있고 확장 가능하고 내결함성이 있으며 성능이 뛰어나고 적절히 모니터링되고 문서화가 잘되고 재난에 대비하는 것이 목표일 경우 이 접근법을 사용하는 것이 좋다. 이를 위해 각 장을 주의 깊게 읽고 각 기준을 이해하고 각 요구 사항에 부응해 마이크로서비스의 필요 요건에 맞게 적용해야 한다.

표준화에 관련된 3장, '안정성과 신뢰성'부터 7장, '문서화와 이해'까지 각 장의 끝부분에는 '마이크로서비스 평가'라는 절이 있으며 이에는 마이크로서비스에 기대하는 간단한 목록이 있다. 질문은 주제별로 정리돼 있어 독자가 목표와 관련된 질문을 신속하게 고르고 독자의 마이크로서비스에 대해 답변을 작성한 후 마이크로서비스를 생산 준비 상태로 만들기 위해 취할 수 있는 단계를 결정할 수 있다. 이 책의 끝부분에는 생산 준비 기준과 각 장에 있는 '마이크로서비스 평가' 질문에 대한 정보를 얻는 데 도움이 되는 두 개의 부록(부록 A, '생산 준비 점검표'와 부록 B, '마이크로서비스 평가')이 있다.

이 책의 구성

1장, '마이크로서비스'에서는 마이크로서비스를 소개한다. 마이크로서비스 아키텍처의 기초와 모놀리스를 여러 마이크로서비스로 분리하는 것에 대한 일부 세부 사항을 다루고 마이크로서비스 생태계의 네 개 계층을 소개하며 마이크로서비스 아키텍처 도입으로 비롯된 조직적인 문제와 트레이드오프 사항을 나타낸 절로 결론을 맺는다.

2장, '생산 준비 기준 갖추기'에서는 마이크로서비스 표준화 과제를 제시하고 마이크로서비스 가용성 확보에 따른 여덟 가지 생산 준비 기준을 소개한다.

3장, '안정성과 신뢰성'에서는 마이크로서비스를 안정적이고 신뢰할 수 있게 구축하기 위한 원칙에 대해 알아본다. 개발 사이클, 전개 파이프라인, 종속성의 취급, 서비스 라우팅 및 서비스 디스커버리, 안정적이고 신뢰할 수 있게 마이크로서비스를 사용하지 않도록 권고하거나 폐기하는 방법에 대해 다룬다.

4장, '확장성과 성능'에서는 마이크로서비스의 성장 규모 파악, 자원의 효율적인 사용, 자원 파악, 용량 계획, 종속성 확장, 트래픽 관리, 작업 처리, 확장 가능한 데이터 저장소를 비롯해 확장 가능하고 성능 좋은 마이크로서비스를 구축하기 위한 요구 사항을 다룬다.

5장, '내결함성 및 재난 대비'에서는 흔히 발생하는 재난 및 장애 시나리오, 장애 탐지 및 대응 전략, 복원력 테스트에 대한 상세 내용, 사고 및 가동 중단 대응 방법을 포함해 모든 재난에 대비하는, 내결함성이 있는 마이크로서비스를 구축하기 위한 원칙을 다룬다.

6장, '모니터링'에서는 마이크로서비스 모니터링에 대한 핵심적인 세부 사항과 표준화를 통해 마이크로서비스 모니터링의 복잡성을 피하는 방법에 대해 알아본다. 또한 로깅, 유용한 대시 보드 생성, 경고 알림의 적절한 처리를 다룬다.

7장, '문서화와 이해'는 적절한 마이크로서비스의 문서화와 개발 팀 및 조직 전체에서 구조적이고 운영적인 방법을 다룬다. 이에는 기술 조직 전체에 생산 준비 기준을 이행하기 위한 실질적인 전략도 포함된다.

이 책의 끝부분에는 두 개의 부록이 있다. 부록 A, '생산 준비 점검표'는 7장, '문서화와 이해'의 끝부분에 설명한 점검표이며 이 책의 곳곳에서 언급한 모든 생산 준비 기준과 해당 요구 사항을 간략하게 요약한 것이다. 부록 B, '마이크로서비스 평가'는 3장, '안정성과 신뢰성' 부터 7장, '문서화와 이해'까지 각 장의 마지막 절 '마이크로서비스 평가'에서 나온 질문을 모아 놓은 것이다.

이 책의 표기 규칙

 이 요소는 간단한 정보나 제안 사항을 나타낸다.

이 요소는 일반적인 정보를 나타낸다.

 이 요소는 경고하거나 주의해야 하는 사항을 나타낸다.

정오표

정오표는 에이콘출판사 도서정보 페이지 http://www.acornpub.co.kr/book/production-microservices에서 찾아볼 수 있다.

질문

이 책과 관련해 궁금한 내용이 있다면 이 책의 옮긴이나 에이콘출판사 편집 팀(editor@acornpub.co.kr)으로 문의해주길 바란다.

1장

마이크로서비스

지난 몇 년 동안, 기술 산업에서는 응용 서비스에 실제로 쓰이는 분산 시스템 아키텍처에 빠른 변화가 있었다. 넷플릭스, 트위터, 아마존, 이베이, 우버와 같은 거대 기업들이 모놀리식 애플리케이션 구축을 탈피하고 마이크로서비스 아키텍처를 도입했다. 마이크로서비스 뒤에 숨어 있는 근본 개념은 최근에 새롭게 도입된 것이 아님에도 실제 마이크로서비스 아키텍처를 현시대적으로 적용하고 있다. 복잡한 소프트웨어 시스템을 단일 구조의 거대한 모놀리식 애플리케이션으로 구축했을 때 발생하는 확장성 문제, 효율성 부족, 개발자 속도 저하, 신기술 채택의 어려움 때문에 마이크로서비스 아키텍처를 부분적으로 도입해왔다.

처음부터 마이크로서비스 아키텍처를 도입하거나 기존의 모놀리식 애플리케이션을 독립적으로 개발 및 전개할 수 있는 마이크로서비스로 분리하면 앞에서 언급한 문제들을 해결할 수 있다. 마이크로서비스 아키텍처를 사용하면 수평 및 수직으로 애플리케이션을 쉽게 확장할 수 있고 개발자의 생산성과 속도가 크게 증가하고 오래된 기술을 최신 기술로 쉽게 교체할 수 있다.

애플리케이션을 확장할 때 마이크로서비스 아키텍처를 도입하는 일은 자연스러운 과정이다. 확장성과 효율성 문제에 부딪혀 모놀리식 애플리케이션을 마이크로서비스로 분리하곤 하지만 마이크로서비스 자체적으로 가진 문제를 접하게 된다. 확장 가능한 마이크로서비스 생태계를 성공시키기 위해서는 안정적이고 정교한 인프라를 준비해야 한다. 또한 마이크로서비스를 도입하는 회사의 조직 구조는 마이크로서비스 아키텍처를 지원하기 위해 철저히 변화해야 하고 변화로 비롯된 팀 구조는 사일로^{Silo} 현상과 스프롤^{Sprawl} 현상을 초래할 수 있음을 알아야 한다. 그러나 마이크로서비스 아키텍처를 도입함으로써 빚어지는 가장 큰 문제점은 마이크로서비스의 신뢰성과 가용성을 보장하는 각각의 요구 사항과 더불어 마이크로서비스 아키텍처를 꼭 표준화해야 한다는 데 있다.

모놀리스에서 마이크로서비스로

오늘날 작성된 거의 모든 소프트웨어 애플리케이션은 프론트엔드(또는 클라이언트 측), 백엔드, 임의의 한 유형의 데이터 저장소와 같이 세 가지 요소로 나뉜다(그림 1-1 참조). 프론트엔드를 통해 애플리케이션으로 요청을 전달하며 백엔드 코드는 대부분의 많은 작업을 수행한다. 요청에 관련된 데이터는 일시적으로 메모리에 저장해 접근하거나 데이터베이스에 영구적으로 저장할 필요가 있으므로 데이터 저장소로 보내거나 데이터 저장소에서 검색한다. 이처럼 세 가지 요소로 구성된 것을 3-계층 아키텍처라고 한다.

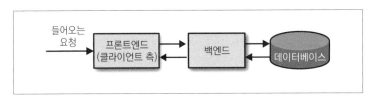

그림 1-1 3-계층 아키텍처

3-계층 아키텍처를 이루는 요소를 결합해 애플리케이션을 만드는 데는 세 가지 방식이 있다. 대부분의 애플리케이션은 프론트엔드와 백엔드를 코드베이스(또는 저장소) 한곳에 두고 이곳에 모든 클라이언트 측 코드와 백엔드 코드를 저장하며 별도의 데이터베이스와 하나

의 실행 파일로 동작한다. 또 다른 방식은 프론트엔드 코드와 클라이언트 측 코드를 백엔드 코드에서 모두 분리해 별개의 논리적인 실행 파일로 외부 데이터베이스와 함께 저장해 실행한다. 마지막으로 외부 데이터베이스가 필요 없는 애플리케이션은 데이터를 메모리에 모두 저장하고 하나의 저장소에 세 가지 구성 요소를 결합하는 경향이 있다. 어쨌든 구성 요소를 나누거나 결합하는 방식에 관계없이 애플리케이션 자체는 뚜렷하게 구별되는 세 가지 구성 요소가 합쳐진 것으로 간주한다.

보통 라이프사이클 초기부터 3-계층 아키텍처 구성 방식으로 애플리케이션을 설계, 구축, 실행하며 일반적으로 애플리케이션의 아키텍처는 회사가 제공하는 제품이나 애플리케이션 자체의 목적과는 별개다. 3-계층 아키텍처를 구성하는 세 가지 아키텍처 요소는 모든 사이트, 모든 모바일 애플리케이션, 모든 백엔드와 프론트엔드는 물론, 이상하고 거대한 엔터프라이즈 애플리케이션에도 존재하며 위에 묘사한 것처럼 애플리케이션을 구성한다.

초기에는 회사를 설립한 지 얼마 되지 않아 애플리케이션이 간단하며 코드베이스에 기여하는 개발자의 수가 적기 때문에 일반적으로 코드베이스에 기여하고 유지보수를 해야 하는 부담을 개발자가 서로 분담한다. 회사가 성장함에 따라 많은 개발자를 더 고용하고 새로운 기능을 애플리케이션에 추가하면서 발생하는 세 가지 중대한 일은 다음과 같다.

첫째, 운영 업무량이 증가한다. 일반적으로 운영 업무는 애플리케이션 운영과 유지보수 관련 업무를 말한다. 일반적으로 운영 업무량을 줄이기 위해 하드웨어, 모니터링, 비상 대기 업무와 같은 대부분의 운영 업무를 떠맡을 운영 엔지니어[1]를 고용한다.

둘째, 애플리케이션에 새로운 기능을 추가하면 애플리케이션의 코드 라인 수와 복잡도가 증가한다.

마지막으로 애플리케이션을 불가피하게 수직·수평적으로 확장한다. 트래픽이 증가함에 따라 애플리케이션의 확장성과 성능에 더 많은 수요가 발생하며 더 많은 서버가 해당 애플리케이션을 실행해야 한다. 애플리케이션을 실행하는 서버를 더 많이 추가해 애플리케이션 사본

---

1   시스템 관리자, 테크옵스(TechOps) 엔지니어, 데브옵스(DevOps) 엔지니어

을 각 서버에 전개한 후 클라이언트의 요청이 애플리케이션을 운영하는 서버 간에 적절히 분산되도록 로드 밸런서$^{load\ balancer}$를 배치한다.[2] 애플리케이션이 다양한 기능과 관련해 더 많은 작업을 처리하기 시작하면 필연적으로 수직 확장을 해야 한다. 따라서 CPU와 메모리에 대한 요구 사항을 처리할 수 있는 더 크고 강력한 서버에 애플리케이션을 배치한다(그림 1-3 참조).

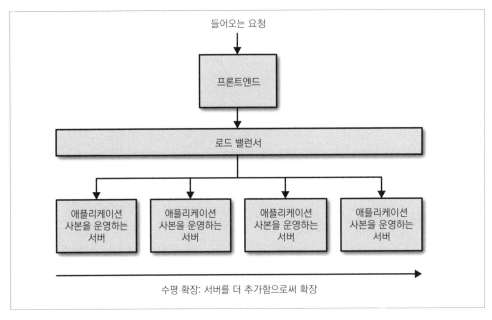

그림 1-2 애플리케이션의 수평 확장

---

2 그림 1-2의 아키텍처를 보면 자체적으로 로드 밸런싱 계층을 포함할 수도 있는 프론트엔드, 백엔드 로드 밸런서, 백엔드 서버가 있다.

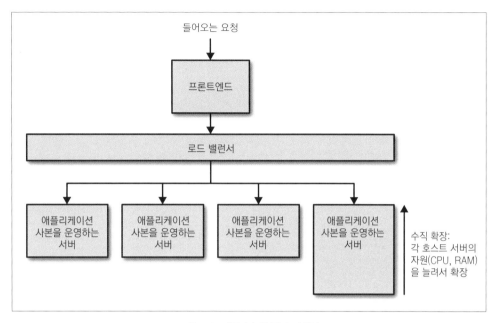

그림 1-3 애플리케이션의 수직 확장

더 이상 한 자릿수, 두 자릿수, 세 자릿수로도 엔지니어의 수를 헤아릴 수 없는 회사로 성장하면 문제는 약간 더 복잡해진다. 개발자가 코드베이스에 추가한 기능, 패치, 수정 사항으로 인해 애플리케이션의 코드는 수천만 줄에 이른다. 애플리케이션의 복잡도는 꾸준히 증가하며 변경 사항이 한두 줄이더라도 수천만 줄에 해당하는 기존 코드의 무결성을 손상시키지 않기 위해 수백 내지 수천 개의 테스트를 작성해야 한다. 테스트를 작성하는 일이 부담스러울수록 개발과 전개 작업을 끔찍하리만큼 꺼리게 만든다. 가장 중대한 수정 사항을 전개할 때도 테스트를 수행하는 일이 부담스럽고 방해 요소가 되기 때문에 기술적 부채는 빠르게 늘어난다. 애플리케이션의 라이프사이클이 좋든 나쁘든 위의 패턴에 딱 들어맞을 경우 소프트웨어 커뮤니티에서는 해당 애플리케이션을 '모놀리스'라고 부른다.

물론 모든 모놀리식 애플리케이션이 나쁜 것은 아니며 확장성 문제로 고통받는 것도 아니다. 하지만 필자의 경험으로는 애플리케이션 라이프사이클상의 어느 한 시점에서도 확장성 문제에 부딪히지 않는 모놀리스는 매우 드물다. 대부분의 모놀리스가 확장성 문제에 취약한 이유는 모놀리스의 본질이 확장성의 가장 일반적인 뜻과 정반대이기 때문이다. 확장성은 동시성과 파티셔닝^{partitioning}이 필수 조건이지만 모놀리스에서는 동시성을 지원하거나 파티셔닝을 수행하기 어렵다.

애플리케이션 확장

다음을 파헤쳐보자.

소프트웨어 애플리케이션의 목표는 일종의 작업을 처리하는 것이다. 애플리케이션이 작업을 다루는 방법에 대해 일반적인 가설을 세울 수 있는데, 처리하려는 작업이 무엇인지에 관계없이 효율적으로 처리하길 원한다고 가정해보자.

작업을 효율적으로 처리하려면 애플리케이션이 동시성을 지녀야 한다. 동시성은 모든 작업을 수행하는 절차가 하나가 아니라는 것을 의미한다. 왜냐하면 절차가 한 개라면 한 번에 작업 한 개를 선택하고 필요한 모든 것을 처리해 완료하거나 실패한 후에야 다음 단계로 이동하기 때문이다. 이는 매우 비효율적이다. 애플리케이션을 효율적으로 만들기 위해 각각의 작업을 더 작은 부분으로 나눠 처리할 수 있도록 동시성을 도입해야 할지도 모른다.

작업을 효율적으로 처리하기 위한 두 번째 방법은 파티셔닝을 도입함으로써 작업을 분할해 정복하는 것이다. 파티셔닝은 각각의 작업을 더 작게 분할하고 병렬로 처리한다. 작업자가 많으면 다수의 작업을 동시에 병렬로 처리할 수 있다. 더 많은 작업을 처리해야 한다면 시스템에 영향을 미치지 않으면서 새로운 작업을 처리할 작업자를 추가해 요구에 부응하도록 쉽게 확장할 수 있다.

모든 서버에 전개해야 하고 어떤 유형의 작업이든 모두 처리해야 하는 거대한 애플리케이션은 동시성과 파티셔닝을 지원하기 어렵다. 애플리케이션이 조금이라도 복잡하다면 지원해야 할 기능이 늘어나고 트래픽이 증가함에 따라 애플리케이션을 확장하는 유일한 방법은 애플리케이션을 전개할 하드웨어를 확장하는 것이다.

작업을 효율적으로 처리하기 위해 애플리케이션을 확장하는 가장 좋은 방법은 한 가지 유형의 작업을 수행하는 작고 독립적인 애플리케이션 단위로 분리하는 것이다. 이렇게 하면 전체 처리 과정에 또 다른 단계를 추가해야 하더라도 해당 단계만 수행하는 애플리케이션을 새로 만들어 매우 쉽게 추가할 수 있다. 또한 더 많은 트래픽을 다뤄야 하는 경우 각 애플리케이션을 수행할 작업자를 단순히 더 많이 추가하기만 하면 된다.

모놀리식 애플리케이션에서는 동시성과 파티셔닝을 지원하기 어렵기 때문에 모놀리식 애플리케이션 아키텍처는 원하는 수준에 비해 그리 효율적이지 않다.

아마존, 트위터, 넷플릭스, 이베이, 우버와 같은 회사에서 이러한 패턴이 부각됐다. 이 회사들의 애플리케이션은 수백, 수천 심지어 수십만 대의 서버에서 수행되며 모놀리스로 발전돼 확장성 문제에 부딪혔다. 각각의 회사는 모놀리식 애플리케이션 아키텍처를 포기하고 마이크로서비스를 도입함으로써 직면하고 있던 확장성 문제를 해결했다.

마이크로서비스는 한 가지 일만 수행하는 작은 애플리케이션을 말한다. 즉, 마이크로서비스는 쉽게 교체될 수 있고 독립적으로 개발되고 전개될 수 있는 작은 컴포넌트다. 하지만 마이크로서비스는 섬처럼 단독으로 있지 않고 더 큰 시스템의 한 부분을 이루며 일반적으로 다른 마이크로서비스와 함께 실행돼 거대한 독립 실행형 애플리케이션이 다루는 작업을 처리한다.

마이크로서비스 아키텍처의 목표는 하나의 기능을 수행하는 작은 애플리케이션들의 집합을 구축하고 각각의 마이크로서비스를 자율적이며 독립적으로 실행 가능하게 하는 것이다. 모든 기능을 수행하는 단 하나의 애플리케이션을 구축하는 전통적인 방식과는 반대다. 모놀리식 애플리케이션과 마이크로서비스의 핵심적인 차이는 다음과 같다.

모놀리식 애플리케이션은 단일 애플리케이션과 단일 코드베이스에 모든 기능을 포함하며 전체 애플리케이션 사본을 실행하는 각 서버로 동시에 모두 전개된다(그림 1-4 참조). 반면, 하나의 마이크로서비스는 오직 한 가지 기능만 수행하며 다른 마이크로서비스와 함께 마이크로서비스 생태계를 이룬다(그림 1-5 참조).

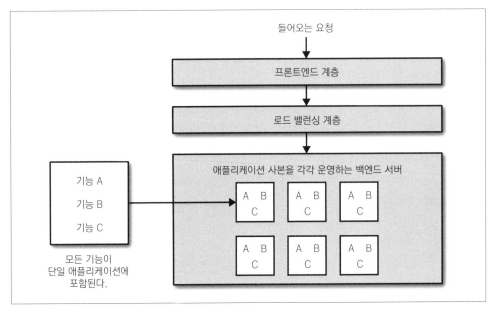

그림 1-4 모놀리스

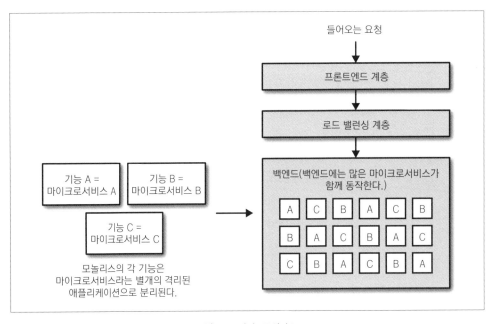

그림 1-5 마이크로서비스

마이크로서비스 아키텍처를 도입하면 기술적 부채 감소, 개발자 생산성 및 속도 향상, 테스트 효율성 향상, 확장성 향상, 전개 용이성 등과 같은 많은 이점이 있다. 회사는 대개 하나의 애플리케이션을 구축한 후에 확장성과 조직적 문제에 부딪혀 마이크로서비스 아키텍처를 도입한다. 즉, 모놀리식 애플리케이션에서 시작해 마이크로서비스로 분리하곤 한다.

모놀리스를 마이크로서비스로 분리할 때 어려운 정도는 전적으로 해당 애플리케이션의 복잡도에 달려 있다. 많은 기능이 있는 모놀리식 애플리케이션을 마이크로서비스로 분리하려면 아키텍처를 설계하기 위한 많은 노력과 신중한 검토가 필요하며 팀 재구성에 따른 복잡성이 추가로 발생한다. 따라서 마이크로서비스로 전환하기 위한 결정은 항상 전사적인 차원에서 노력해야만 한다.

모놀리스를 분리하는 방법은 몇 가지 단계가 있다. 첫 번째 단계는 독립적인 서비스로 만들어져야 하는 컴포넌트를 식별하고 찾는 것이다. 이 단계는 아마 모놀리스를 분리하는 전체 과정 중에서 가장 어려운 단계일 것이다. 왜냐하면 모놀리스를 컴포넌트 서비스로 분리할 때 여러 가지 올바른 방법이 있을 수 있는 반면, 훨씬 더 잘못된 방법도 있기 때문이다. 필자의 경험상 컴포넌트를 식별하는 방법은 모놀리스의 전체적인 주요 기능을 정확히 집어낸 후 작고 독립적인 컴포넌트로 분리하는 것이다. 마이크로서비스는 가능한 한 단순해야 한다. 그렇지 않으면 회사는 하나의 모놀리스를 단지 여러 개의 작은 모놀리스로 대체하는 것에 지나지 않는 위험을 각오해야 하며 회사가 성장함에 따라 똑같은 문제를 계속 겪게 될 수 있기 때문이다.

핵심 기능을 식별해 독립적인 마이크로서비스로 적절히 분리하고 난 후의 다음 단계는 회사의 조직 구조를 재구성하고 각각의 마이크로서비스를 개발 팀에 배치하는 것이다. 마이크로서비스를 도입하기 위해 회사 조직을 재구성하는 데에는 몇 가지 방법이 있다. 이 중 한 가지 방법은 마이크로서비스마다 한 팀씩 지정하는 것이다. 팀의 규모는 전적으로 마이크로서비스의 복잡도와 업무량에 따라 결정할 것을 추천한다. 또한 팀에 부담을 주지 않는 선에서 기능 개발과 비상 대기 순환 근무를 잘 운영할 수 있도록 개발자와 사이트 안정 엔지니어를 충분히 배치해야 한다. 또 한 가지 방법은 한 팀에 여러 서비스를 할당해 해당 서비스들을 동시에 개발하는 것이다. 이 방법은 팀이 특정 제품이나 사업 분야를 중심으로 조직되고 해당 제품 또는 사업 분야에 관련된 서비스를 개발할 책임이 있을 때 가장 효과가 좋다. 회사에서 해당 방법을 선택하는 경우 개발자를 혹사시키거나 하기 싫은 업무, 서비스 중단 문제, 피곤한 운영 업무에 직면하지 않도록 해야 할 필요가 있다.

마이크로서비스를 도입하는 데 있어서 중요한 세 번째 단계는 마이크로서비스 생태계를 구축하는 것이다. 대규모 모놀리식 애플리케이션을 운영하는 회사는 해당 애플리케이션을 실행할 인프라의 설계, 구축, 유지보수를 담당할 전용 인프라 조직을 갖추게 될 것이다. 모놀리스를 마이크로서비스로 분리할 때는 마이크로서비스를 개발하고 운영할 안정적인 플랫폼을 제공하기 위해 인프라 조직의 책임이 막중하다. 인프라 팀은 마이크로서비스 간 상호 작용으로 인해 발생하는 대부분의 복잡성을 없애고 추상화한 인프라를 안정적으로 구축해 마이크로서비스 개발 팀에 제공해야 한다.

애플리케이션의 컴포넌트화, 각 마이크로서비스를 담당할 개발 팀의 재구성, 회사 내 인프라 조직 구성과 같은 세 가지 단계를 완료하면 마이그레이션에 착수할 수 있다. 일부 팀은 모놀리스에서 마이크로서비스와 관련된 코드를 별개의 서비스로 직접 가져오고 마이크로서비스가 원하는 기능을 자체적으로 수행할 수 있다고 확신할 때까지 모놀리스의 트래픽을 차단한다. 다른 팀은 백지에서 시작하듯 처음부터 서비스를 구축하고 해당 서비스가 적절한 테스트를 통과하면 트래픽을 차단하거나 다시 전송한다. 마이그레이션하기 가장 좋은 접근법은 마이크로서비스의 기능에 따라 다르며 대부분의 경우 위의 두 가지 접근법이 똑같이 잘 동작한다는 것을 알게 됐다. 그러나 마이크로서비스로의 마이그레이션에 성공하기 위한 핵심은 계획을 철저하게 문서화하고 실행하는 것이다. 이와 아울러 대규모 모놀리스를 완전히 마이그레이션하려면 몇 년이 걸릴 수 있다는 것도 알게 됐다.

모놀리스를 마이크로서비스로 분리하는 것과 관련된 모든 작업은 마이크로서비스 아키텍처 설계부터 시작하고, 골치 아픈 확장성 문제는 건너뛰고 마이크로서비스로 무리하게 전환하지 않는 것이 좋다. 이러한 접근법은 일부 회사에만 적합할 수 있으며 몇 가지 주의 사항이 있다. 흔히 작은 회사들은 마이크로서비스를 유지하는 데 필요한 인프라를 매우 작은 규모라도 갖추고 있지 않다. 좋은 마이크로서비스 아키텍처는 안정적이면서 대체적으로 매우 복잡한 인프라가 필요하다. 이러한 인프라를 안정적으로 운영하려면 대규모의 전담 팀이 필요하며 일반적으로 확장성 문제에 도달해 마이크로서비스 아키텍처로의 전환이 합당한 회사에서만 대규모 전담 팀에 들어가는 비용을 유지할 수 있다. 작은 회사들은 마이크로서비스 생태계를 유지하기 위한 운영 능력이 충분하지 않을 것이다. 더욱이 회사가 초기 단계에 있을 때는 마이크로서비스를 구축할 주요 부분과 컴포넌트를 식별하기가 매우 어렵다. 또한 신생 회사의 애플리케이션은 기능이 많지 않으며 마이크로서비스로 적절히 분리할 수 있는 별개의 부분적인 기능도 많지 않다.

마이크로서비스 아키텍처

그림 1-6의 마이크로서비스 아키텍처는 1장의 첫 번째 절에서 다룬 그림 1-1의 일반적인 애플리케이션 아키텍처와 큰 차이가 없다. 모든 마이크로서비스는 세 가지 요소로 구성되며 각각 프론트엔드(클라이언트 측), 많은 작업을 수행하는 백엔드, 관련 데이터를 저장하거나 검색하는 방식으로 이뤄진다.

마이크로서비스의 프론트엔드와 클라이언트 측 부분은 전형적인 프론트엔드 애플리케이션이 아니라 정적인 엔드포인트로 접근할 수 있는 API^application programming interface다. 질 실세된 마이크로서비스 API는 해당 마이크로서비스 API 엔드포인트로 요청을 보내면 마이크로서비스 간에 쉽고 효과적으로 통신할 수 있게 한다. 예를 들어 고객 데이터를 담당하는 마이크로서비스는 get_customer_information 엔드포인트, update_customer_information 엔드포인트, delete_customer_information 엔드포인트를 갖고 있을 수 있다. 각각의 엔드포인트는 다른 서비스가 특정 고객 정보를 검색, 갱신, 삭제하기 위한 요청을 받는다.

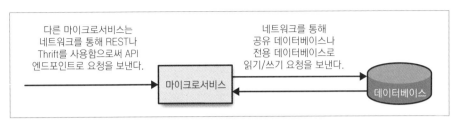

그림 1-6 마이크로서비스 아키텍처의 요소

엔드포인트는 실제와 달리 아키텍처와 이론이 서로 일치하지 않는다. 엔드포인트가 모든 요청을 처리하는 백엔드 코드의 일부로 있기도 하고 백엔드 코드와는 별개로 옆에 나란히 있기도 하기 때문이다. 앞에서 한 가지 예로 다뤘던 고객 데이터를 담당하는 마이크로서비스는 get_customer_information 엔드포인트에 들어온 요청을 처리하는 작업을 수행할 것이다. 특정 필터나 옵션을 해당 요청에 적용해 데이터베이스에서 정보를 검색하고 구성해 고객 데이터 담당 마이크로서비스의 클라이언트인 고객 정보를 요청했던 다른 마이크로서비스로 그결과를 반환한다.

대부분의 마이크로서비스는 캐시로 활용된 메모리나 외부 데이터베이스에 데이터를 저장한다. 메모리에 데이터를 저장하는 경우에는 네트워크를 통해 외부 데이터베이스로 요청을 보낼 필요가 없다. 단지 마이크로서비스는 관련 데이터를 클라이언트로 반환하기만 해도 된다. 외부 데이터베이스에 데이터를 저장하는 경우에는 외부 데이터베이스에 새로운 요청을 해야 할 것이고 요청에 대한 응답을 기다린 후 해당 작업을 이어서 처리해야 할 것이다.

모든 마이크로서비스가 함께 잘 동작하려면 다음과 같은 아키텍처가 필요하다. 모범이 되는 마이크로서비스 아키텍처는 거대한 애플리케이션이 수행하던 작업을 대체해야 하기 때문에 모든 마이크로서비스가 함께 잘 동작하도록 한다. 마이크로서비스가 서로 성공적이고 효율적으로 통신하는 데는 조직 전체에 걸쳐 표준화해야 할 아키텍처 요소가 필요하다.

조직 전체에 걸쳐 마이크로서비스의 API 엔드포인트를 표준화해야 한다. 이는 모든 마이크로서비스가 동일한 특정 엔드포인트를 갖고 있어야 한다는 말이 아니다. 마이크로서비스 엔드포인트의 유형이 모두 동일해야 한다. 마이크로서비스 API 엔드포인트의 가장 일반적인 두 가지 유형은 REST와 아파치의 Thrift다. 두 가지 엔드포인트 유형을 모두 사용하는 마이크로서비스를 본 적이 있지만 매우 드물고 모니터링이 꽤 복잡하기 때문에 특별히 추천하지 않는다. 엔드포인트 유형 선택은 마이크로서비스 자체의 내부 동작 속성에 달려 있으며 아키텍처에 영향을 미친다. 예를 들어 마이크로서비스에 메시징 기반 엔드포인트를 추가해야 하는 경우 HTTP를 통해 REST 엔드포인트를 거쳐 통신하는 비동기 마이크로서비스를 구축하기 어렵다.

마이크로서비스는 원격 프로시저 호출^{RPC, Remote Procedure Calls}을 통해 서로 통신한다. 원격 프로시저 호출은 네트워크를 통해서도 로컬 프로시저 호출과 똑같이 보이고 동작하도록 설계됐다. 사용되는 통신 프로토콜은 아키텍처 선택과 조직의 지원뿐 아니라 엔드포인트 유형에도 좌우된다. 예를 들어 REST 엔드포인트를 제공하는 마이크로서비스는 HTTP를 통해 다른 마이크로서비스와 서로 통신할 가능성이 높으며 Thrift 엔드포인트를 제공하는 마이크로서비스는 HTTP 외에도 맞춤형의 다양한 사내 솔루션을 통해 다른 마이크로서비스와 서로 통신할 수 있다.

마이크로서비스와 엔드포인트의 버저닝 피하기

마이크로서비스는 라이브러리가 아니라 독립적인 소프트웨어 애플리케이션이다. 라이브러리처럼 컴파일 및 실행 시간에 메모리로 적재되는 것이 아니다. 빠르게 진행되는 마이크로서비스 개발 특성 때문에 관리하지 않는 마이크로서비스의 특정 구 버전에 고정시켜놓은 클라이언트 서비스의 개발자를 포함한 개발 조직에 있어서 마이크로서비스 버저닝(Versioning)은 매우 끔찍한 일이 되기 쉽다. 마이크로서비스를 특정 버전에 고정된 릴리즈나 라이브러리가 아닌 살아서 변화하는 대상으로 취급해야 한다. 또한 같은 이유로 API 엔드포인트의 버저닝도 피해야 한다.

엔드포인트의 모든 유형과 마이크로서비스 간 통신하는 데 사용하는 모든 프로토콜은 이점과 트레이드오프가 있다. 아키텍처를 결정하는 일은 마이크로서비스를 구축하는 각 개발자가 해서는 안 되며 전체적인 마이크로서비스 생태계를 구축하는 아키텍처 설계의 일부여야 한다. 마이크로서비스 생태계는 다음 절에서 다룬다.

개발자는 마이크로서비스를 만들 때 많은 자유를 누릴 수 있다. 조직에서 선택한 API 엔드포인트 및 통신 프로토콜과는 별개로 개발자가 원한다면 마이크로서비스 내부에서 자유롭게 작업할 수 있다. 엔드포인트와 통신 프로토콜이 처리되는 한 고^{Go}, 자바^{Java}, 얼랭^{Erlang}, 하스켈^{Haskell}과 같은 어떤 프로그래밍 언어든지 작성할 수 있다. 마이크로서비스 개발은 독립형 애플리케이션 개발과 별 차이가 없다. 참고로 프로그래밍 언어를 개발자가 자유롭게 선택하는 일은 기술 조직에 막대한 비용을 초래하기 때문에 몇 가지 주의 사항이 있으며 1장의 마지막 절 '조직이 직면하는 문제'에서 다룰 것이다.

이러한 방식에서는 임의의 마이크로서비스를 다른 마이크로서비스가 블랙박스로 취급할 수 있다. 마이크로서비스 엔드포인트로 요청을 보내 정보를 입력하면 뭔가를 얻는다. 마이크로서비스로부터 합리적인 시간 안에 말도 안 되는 오류 하나 없이 원하는 것을 얻으면 작업은 끝난다. 접근해야 하는 엔드포인트 그 이상을 알 필요 없고 해당 엔드포인트의 서비스가 잘 동작하는지도 알 필요가 없다.

마이크로서비스 아키텍처의 세부 사항을 논하는 일은 여기서 마친다. 마이크로서비스 아키텍처에 대한 것보다 이 책의 2장, '생산 준비 기준 갖추기'부터 마이크로서비스를 이상적인 블랙박스 상태로 만드는 데 전념할 것이다.

마이크로서비스 생태계

마이크로서비스는 단독으로 고립된 채 존재하는 게 아니다. 마이크로서비스를 구축할 수 있고 실행할 수 있으며 마이크로서비스 간에 통신할 수 있는 환경하에 존재한다. 대규모 마이크로서비스 환경의 복잡성은 열대우림, 사막, 바다와 같은 생물학적 생태계의 복잡성과 유사하다. 마이크로서비스 환경을 생태계로 간주하면 마이크로서비스 아키텍처를 도입하는 데 많은 도움이 된다.

잘 설계되고 지속 가능한 마이크로서비스 생태계에서는 모든 인프라로부터 마이크로서비스를 추상화할 수 있다. 하드웨어, 네트워크, 빌드와 전개 파이프라인, 서비스 디스커버리^{service} ^{discovery}, 로드 밸런싱으로부터 마이크로서비스를 추상화할 수 있다. 이 모든 것은 마이크로서비스 생태계 인프라의 일부다. 마이크로서비스를 성공적으로 운영하려면 본질적으로 안정적이고 확장 가능하며 내결함성이 있으며 신뢰할 수 있는 방식으로 인프라를 구축, 표준화하고 유지 관리해야 한다.

인프라는 마이크로서비스 생태계를 유지할 수 있어야 한다. 인프라 엔지니어와 아키텍트의 목표는 마이크로서비스를 개발할 때 발생하는 저수준의 운영 문제를 없애는 것이며 확장 가능하고 안정적인 인프라를 구축하는 것이다. 해당 인프라를 통해 개발자는 쉽게 마이크로서비스를 구축하고 실행할 수 있다. 안정적인 마이크로서비스 생태계 내에서 마이크로서비스 개발은 작고 독립적인 애플리케이션 개발과 같아야 한다. 이를 위해서는 매우 정교한 최고의 인프라가 필요하다.

마이크로서비스 생태계를 그림 1-7과 같이 네 개의 계층으로 분리할 수 있다. 각 계층의 경계는 항상 명확하게 정의내릴 수 없다. 인프라의 한 요소가 모든 계층과 연관이 있을 수 있기 때문이다. 하위 세 계층은 인프라 계층이다. 맨 아래에 하드웨어 계층이 있고 그 위에 마이크로서비스 계층으로 이어지는 통신 계층과 애플리케이션 플랫폼이 있다. 맨 위의 마이크로서비스 계층에는 각각의 모든 마이크로서비스가 있다.

그림 1-7 마이크로서비스 생태계의 4-계층 모델

계층 1: 하드웨어

마이크로서비스 생태계 4-계층 모델의 맨 아래에 하드웨어 계층이 있다. 모든 내부 도구와 마이크로서비스가 실제로 실행되는 물리적인 컴퓨터다. 데이터센터 내 랙에 위치하며 값비싼 공조 시스템으로 냉각하고 전기로 작동한다. 데이터센터에 다양한 종류의 서버가 있으며 일부는 데이터베이스에 최적화돼 있으며 또 다른 일부는 CPU 집약적인 작업을 처리한다. 회사 자체적으로 서버를 소유하거나 아마존 웹 서비스의 EC2[Elastic Compute Cloud], 구글 클라우드 플랫폼, 마이크로소프트의 애저[Azure]와 같은 클라우드 제공 업체로부터 서버를 임대할 수 있다.

서버 소유자는 특정 하드웨어를 선택한다. 회사가 자체 데이터센터를 운영하는 경우 하드웨어를 직접 선택하면서 특정 요구에 맞는 서버를 선택해 최적화할 수 있다. 보다 일반적인 시나리오인 클라우드 서버를 운영하는 경우 클라우드 제공 업체에서 제공하는 하드웨어로 제한된다. 민하드웨어[bare machine]와 클라우드 제공 업체 중 하나를 선택하는 것은 쉬운 결정이 아니다. 서버 비용, 가용성, 신뢰성, 운영 비용을 고려해야 한다.

서버 관리는 하드웨어 계층의 한 부분이다. 각 서버에 운영 체제를 설치해야 하며 운영 체제는 모든 서버에서 표준화돼야 한다. 마이크로서비스 생태계에서 어떤 운영 체제를 사용해야 하는지에 대한 정답은 없다. 운영 체제 선택은 전적으로 구축할 애플리케이션, 사용할 프로그래밍 언어, 마이크로서비스에 필요한 라이브러리와 도구에 달려 있다. 대부분의 마이크로서비스 생태계는 일반적으로 센트OS[CentOS], 데비안[Debian], 우분투[Ubuntu]와 같은 리눅스 계열의 운영 체제를 사용한다. 물론 닷넷 기반 회사는 다른 운영 체제를 선택할 것이다. 추상화는 하드웨어 계층 위에 추가로 구축할 수 있다. 도커[Docker], 아파치의 메소스[Mesos]와 같은 소프트웨어가 제공하는 자원 격리 및 자원 추상화는 전용 데이터베이스나 공유 데이터베이스와 마찬가지로 이 계층에 속한다.

운영 체제 설치와 하드웨어 프로비저닝[provisioning][3]은 첫 번째 계층에 해당한다. 프로비저닝 및

---

3 사용자의 요구에 맞게 시스템 자원을 할당해뒀다가 필요할 때 바로 사용할 수 있는 상태로 미리 준비해두는 것을 말한다. – 옮긴이

호스트 구성이 이뤄지고 각각의 호스트에 운영 체제를 설치한 후 모든 애플리케이션을 설치하고 모든 필수 환경을 설정할 때는 Ansible, Chef, Puppet과 같은 환경 설정 도구를 사용해야 한다.

호스트는 Nagios와 같은 도구를 사용한 호스트 수준의 적절한 모니터링과 로깅이 필요하다. 디스크 장애, 네트워크 장애, CPU 사용률이 치솟는 문제가 호스트에서 발생하면 쉽게 진단하고 완화해 해결할 수 있다. 호스트 수준의 모니터링은 6장, '모니터링'에서 좀 더 자세히 다룬다.

계층 1 요약: 하드웨어 계층

마이크로서비스 생태계의 하드웨어 계층(계층 1)은 다음을 포함한다.

- 물리적인 서버. 회사 자체적으로 소유하거나 클라우드 제공 업체로부터 임대한다.
- 전용 데이터베이스와 공유 데이터베이스
- 운영 체제
- 자원 격리와 자원 추상화
- 구성 관리
- 호스트 수준의 모니터링
- 호스트 수준의 로깅

계층 2: 통신

마이크로서비스 생태계의 두 번째 계층은 통신 계층이다. 통신 계층에서 서비스 간의 모든 통신이 이뤄지기 때문에 애플리케이션 플랫폼 계층과 마이크로서비스 계층을 포함한 생태계의 다른 모든 계층으로 이어진다. 통신 계층과 마이크로서비스 생태계의 다른 계층 간의 경계는 확실하지 않다. 계층 간의 경계는 분명하지 않아도 계층의 구성 요소는 명확하다. 통신 계층은 항상 네트워크, DNS, RPC, API 엔드포인트, 서비스 디스커버리, 서비스 레지스트리, 로드 밸런싱을 포함한다.

통신 계층의 네트워크와 DNS는 책의 범위를 벗어나므로 논하지 않는다. 이 절에서는 RPC, API 엔드포인트, 서비스 디스커버리, 서비스 레지스트리, 로드 밸런싱에 중점을 둔다.

원격 프로시저 호출, 엔드포인트, 메시징

마이크로서비스는 네트워크를 통해 원격 RPC를 사용하거나 다른 마이크로서비스의 API 엔드포인트에 메시징을 사용해 다른 마이크로서비스와 통신한다. 메시징의 경우 메시지를 적절히 라우팅하는 메시지 브로커로 보내 통신한다. 기본 개념은 다음과 같다. 마이크로서비스는 특정 프로토콜로 표준 형식의 데이터를 네트워크를 통해 마이크로서비스 API 엔드포인트 또는 메시지 브로커로 보낸다. 메시지 브로커가 마이크로서비스로부터 데이터를 받는 경우 메시지 브로커는 데이터를 또 다른 마이크로서비스 API 엔드포인트로 보낸다.

마이크로서비스 통신의 전형적인 몇 가지 예가 있다. 첫 번째 예는 가장 일반적인 HTTP+ REST/Thrift다. HTTP+REST/Thrift에서 서비스는 네트워크를 통해 HTTP를 사용해 GET, POST 등의 다양한 방법으로 특정 REST 엔드포인트 또는 아파치의 특정 Thrift 엔드포인트에 요청과 응답을 주고받으면서 통신한다. 데이터는 일반적으로 HTTP를 통해 JSON이나 프로토콜 버퍼 형식으로 전송된다.

HTTP+REST는 가장 편리한 형태의 마이크로서비스 통신이다. 이는 설정하기 쉽고 안정적이며 신뢰할 수 있다. 왜냐하면 부정확하게 구현하기 어려워 인적 오류가 쉽게 발생하지 않기 때문이다. 하지만 해당 방식을 적용할 때 블로킹blocking 방식인 동기식으로 통신할 수밖에 없다는 단점이 있다.

마이크로서비스 통신의 두 번째 예는 메시징이다. 메시징은 난블로킹non-blocking 방식인 비동기식이며 약간 더 복잡하다. 메시징은 다음과 같은 방식으로 작동한다. 마이크로서비스는 네트워크를 통해 HTTP 또는 다른 통신 프로토콜을 사용해 메시지 브로커로 메시지 데이터를 보내고 메시지 브로커는 다른 마이크로서비스로 통신 경로를 지정해 메시지 데이터를 보낸다.

메시징은 여러 가지 형태로 제공된다. 가장 인기 있는 두 가지는 발행-구독^{publish-subscribe,} pubsub 메시징과 요청-응답^{request-response} 메시징이다. 펍섭 모델에서 클라이언트는 특정 주제^{topic}를 구독하면 발행자가 해당 주제에 대한 메시지를 발행할 때마다 메시지를 받는다. 요청-응답 모델은 더 직관적이다. 클라이언트가 서비스 또는 메시지 브로커로 요청을 보내면 서비스 또는 메시지 브로커가 요청한 정보에 응답한다. 아파치의 카프카^{Kafka}와 같이 두 가지 메시징 모델을 혼합한 메시징 소프트웨어가 있다. 파이썬^{Python}으로 작성한 마이크로서비스에서는 셀러리^{Celery}와 레디스^{Redis} 또는 셀러리와 래빗MQ^{RabbitMQ}를 메시징과 작업 처리에 사용할 수 있다. 셀러리는 작업이나 메시지를 레디스나 래빗MQ를 브로커로 사용해 처리한다.

메시징은 몇 가지 주요 단점을 해결해야 한다. 메시징은 처음부터 확장성을 고려해 설계된 경우 HTTP+REST 솔루션과 마찬가지로 확장할 수 있다 . 메시징은 본질적으로 변경이나 갱신이 쉽지 않다. 이점으로 보일 수 있는 중앙 집중화된 특성 때문에 메시지 큐나 메시지 브로커가 마이크로서비스 생태계 전체의 장애 지점^{point of failure}이 될 수 있다. 메시징 방식의 비동기적인 특성에 대비하지 않으면 경쟁 조건과 무한 반복 문제가 발생할 수 있다.

서비스 디스커버리, 서비스 레지스트리, 로드 밸런싱

모놀리식 아키텍처에서는 트래픽이 한 애플리케이션으로만 전송되며 해당 애플리케이션을 운영하는 서버에 적절히 분배돼야 한다. 마이크로서비스 아키텍처에서는 트래픽이 서로 다른 수많은 애플리케이션으로 적절히 라우팅된 다음 각각의 마이크로서비스를 운영하는 서버로 적절히 분배돼야 한다. 마이크로서비스 아키텍처에서 트래픽을 효율적이고 효과적으로 분배하려면 서비스 디스커버리, 서비스 레지스트리, 로드 밸런싱의 세 가지 기술을 통신 계층에서 구현해야 한다. 일반적으로 마이크로서비스 A가 다른 마이크로서비스 B에 요청할 때 마이크로서비스 A는 마이크로서비스 B를 운영하는 특정 인스턴스의 IP 주소와 포트를 일아야 한다. 좀 더 명확히 말하면 마이크로서비스 간 통신 계층은 마이크로서비스 요청을 적절히 라우팅하기 위해 모든 마이크로서비스의 IP 주소와 포트를 알아야 한다. 마이크로서비스 요청을 라우팅하는 일은 etcd, Consul, Hyperbahn, ZooKeeper와 같은 서비스 디스커버리 소프트웨어를 통해 수행한다. 서비스 디스커버리는 요청을 보낼 인스턴스로 정확하게 라우팅해야 하고 특히 정상적인 인스턴스로만 라우팅해야 한다는 것이 중요하다. 서비스 디스커버리는 서비스 레지스트리가 필요하다. 서비스 레지스트리는 생태계의 모든 마이크로서비스의 IP 주소와 포트를 기록한 데이터베이스다.

동적 확장과 포트 할당

마이크로서비스 아키텍처에서 IP 주소와 포트는 언제든 변할 수 있다. 특히 아파치 메소스와 같은 하드웨어 추상 계층으로 마이크로서비스를 확장하고 재배치할 때 변한다. 서비스 검색 및 라우팅의 한 접근법은 각 마이크로서비스의 프론트엔드와 백엔드 둘 다 정적 포트를 할당하는 것이다.

한 인스턴스에서만 모든 마이크로서비스를 운영하는 일은 매우 있을 법하지 않다. 여러 인스턴스에서 각각의 마이크로서비스를 운영한다면 마이크로서비스 생태계 전반에 있는 통신 계층의 여러 부분에 로드 밸런싱이 필요하다. 로드 밸런싱은 고수준에서 다음과 같이 동작한다. 열 개의 인스턴스가 하나의 마이크로서비스를 운영한다면 로드 밸런싱 소프트웨어 또는 하드웨어는 트래픽을 열 개의 인스턴스에 균등하게 분배할 것이다. 로드 밸런싱은 애플리케이션으로 요청이 발생하는 생태계의 모든 위치에 필요하다. 대규모 마이크로서비스 생태계는 로드 밸런싱 계층을 많이 포함할 것이다. 일반적으로 모든 인스턴스에 트래픽을 균등하게 분배할 용도로 사용하는 로드 밸런서는 아마존 웹 서비스의 ELB$^{Elastic Load Balancer}$, 넷플릭스의 유레카^{Eureka}, HAProxy, 엔진 X^{Nginx}가 있다.

계층 3: 애플리케이션 플랫폼

애플리케이션 플랫폼은 마이크로서비스 생태계의 세 번째 계층이다. 마이크로서비스에 독립적인 서비스와 내부 툴링tooling을 포함한다. 마이크로서비스는 제외하며 마이크로서비스 개발 팀이 설계, 구축, 유지 관리할 필요가 없는 방식으로 구축할 수밖에 없는 마이크로서비스 생태계 전반의 중앙 집중식 도구와 서비스로 채워져 있다.

좋은 애플리케이션 플랫폼은 개발자를 위한 셀프 서비스 내부 도구, 표준화된 개발 절차, 중앙 집중식 자동화 빌드 및 배포 시스템, 자동화 테스팅, 표준화되고 중앙 집중식 전개 솔루션, 중앙 집중식 로깅과 마이크로서비스 수준 모니터링을 갖추고 있다. 위 요소에 대한 자세한 내용은 2장, '생산 준비 기준 갖추기'에서 다룰 것이며 이 절에서는 간단히 기본 개념만 소개한다.

셀프 서비스 내부 개발 도구

상당 부분은 셀프 서비스 내부 개발 도구로 분류할 수 있다. 특정 항목은 개발자의 필요뿐 아니라 인프라와 생태계 전체의 추상화와 정교함의 수준에 달려 있다. 어떤 개발 도구를 구축해야 하는지를 결정하는 핵심 사항은 우선 책임질 영역을 나누고 개발자가 서비스를 설계, 구축, 유지 관리하기 위해 수행할 작업을 결정하는 것이다.

마이크로서비스 아키텍처를 도입한 회사에서는 기술 팀에 책임을 신중하게 위임할 필요가 있다. 가장 쉬운 방법은 각 계층을 연결하는 팀과 마이크로서비스 생태계의 각 계층을 담당하는 하위 기술 조직을 만드는 것이다. 반쯤은 독립적으로 기능하는 각각의 기술 조직은 담당 계층 내의 모든 것에 책임을 진다. 테크옵스 팀은 계층 1, 인프라 팀은 계층 2, 애플리케이션 플랫폼 팀은 계층 3, 마이크로서비스 팀은 계층 4에 각각 책임이 있다. 물론 매우 단순하고 일반적인 생각이다.

이러한 조직 체계 내에서는 상위 계층에서 작업하는 엔지니어가 하위 계층에서 뭔가를 설정, 구성, 활용해야 할 때마다 사용할 수 있는 셀프 서비스 도구가 있어야 한다. 예를 들어 마이크로서비스 생태계에 대한 메시징 담당 팀이 셀프 서비스 도구를 구축하면 마이크로서비스 팀의 개발자가 서비스의 메시징을 구성해야 할 경우 메시징 시스템의 모든 복잡한 사항을 이해할 필요 없이 메시징을 쉽게 구성할 수 있을 것이다.

많은 이유로 각 계층마다 중앙 집중식 셀프 서비스 도구가 있다. 다양한 마이크로서비스 생태계에서 임의의 팀에 속한 보통의 엔지니어는 다른 팀의 서비스와 시스템이 어떻게 동작하는지 전혀 알지 못하며 자신의 서비스를 담당하는 동안 단순히 모든 서비스와 시스템의 전문가가 될 수 있는 방법은 없다. 각 개발자는 자신의 서비스 외에는 거의 아무것도 모른다. 마이크로서비스 생태계 내의 개발자를 모두 합쳐야만 모든 것을 안다고 할 수 있다. 마이크로서비스 생태계 내의 각 도구와 서비스의 복잡한 내용들을 교육하기보다는 마이크로서비스 생태계의 모든 부분에 대해 지속 가능하고 사용하기 쉬운 사용자 인터페이스를 구축하고 사용 방법에 대해 교육하고 훈련하는 것이 좋다. 또한 모든 것을 블랙박스로 바꾸고 어떻게 동작하고 사용하는지 정확히 문서화해야 한다.

내부 개발 도구를 구축하는 두 번째 이유는 솔직히 다른 팀의 개발자가 서비스 가동 중단 문제를 유발하지 않도록 서비스나 시스템에 심각한 변경을 할 수 없게 하기 위해서다. 특히 계층 1, 2, 3과 같은 하위 계층에 속한 서비스와 시스템에서 자명한 사실이므로 도구를 구축할 수밖에 없다. 미숙련자가 계층 1, 2, 3에 뭔가를 변경하거나 해당 분야의 전문가가 되길 요구하거나 바라는 것은 재앙으로 가는 지름길이다. 환경 설정을 관리하는 작업은 끔찍하게 잘못될 수 있는 것 중 하나다. 마이크로서비스 팀의 개발자를 전문 지식 없이 시스템 구성을 변경하도록 허락해 해당 개발자 자신이 담당하는 서비스 외의 다른 곳에 영향을 미치면 대규모 생산 중단을 초래할 수 있다.

개발 사이클

개발자가 기존의 마이크로서비스를 변경하거나 새로운 것을 만들 때 개발 절차를 간소화 및 표준화하고 최대한 자동화하면 보다 효과적으로 개발할 수 있다. 안정적이고 신뢰할 수 있는 개발 절차의 표준화에 대한 세부적인 내용은 4장, '확장성과 성능'에서 다룬다. 안정적이고 신뢰할 수 있는 개발을 위해 마이크로서비스 생태계의 세 번째 계층 내에 필요한 몇 가지가 있다.

첫 번째 요구 사항은 모든 코드를 저장, 추적, 버전 관리, 검색할 수 있는 중앙 집중식 버전 제어 시스템이다. 보통 깃허브^{GitHub}나 파브리케이터^{Phabricator}와 같은 협업 도구와 연결된 깃^{git} 또는 svn 저장소 등을 자체적으로 운영한다. 이런 도구를 사용하면 코드의 유지 관리 및 검토가 용이하다.

두 번째 요구 사항은 안정적이고 효율적인 개발 환경이다. 개발 환경은 각 마이크로서비스가 갖고 있는 다른 서비스에 대한 복잡한 종속성 때문에 마이크로서비스 생태계에 도입하기 어렵다고 알려져 있지만 전적으로 필요하다. 일부 개발 조직은 모든 개발을 개발자의 랩톱에서 수행하는 것을 선호한다. 하지만 개발자가 변경한 코드가 생산 환경에서 어떻게 수행되는지 정확한 그림이 그려지지 않기 때문에 소프트웨어 전개 측면에서 좋지 않다. 가장 안정적이고 신뢰할 수 있는 개발 환경 실계 방법은 종속적으로 얽히고 복잡한 사항을 모두 포함하는 생산 환경의 복사본을 만드는 것이다. 생산 환경의 복사본은 생산 환경은 물론, 스테이징^{staging}, 카나리아와는 별개의 개발 환경이다.

테스트, 빌드, 패키징, 배포

개발 단계와 전개 단계 사이에 있는 테스트, 빌드, 패키징, 배포 과정은 최대한 표준화되고 중앙 집중화돼야 한다. 개발 사이클이 끝나고 코드 변경을 완료하면 필수 테스트를 모두 수행하고 새로운 릴리즈를 자동으로 빌드하고 패키지로 만들어야 한다. 바로 이를 위해 지속적인 통합continuous integration 도구가 있다. 매우 진보적이고 구성이 용이한 도구로 젠킨스Jenkins와 같은 기존 솔루션을 들 수 있다. 이러한 도구를 사용하면 절차 전체를 쉽게 자동화할 수 있고 인적 오류가 거의 발생하지 않는다.

전개 파이프라인

전개 파이프라인은 개발 사이클이 끝나고 테스트, 빌드, 패키징, 배포 단계를 거친 후 새 코드를 프로덕션 서버로 보내는 과정이다. 하루에 수백 건의 전개가 일상인 마이크로서비스 생태계에서는 전개 작업이 꽤 복잡해질 수 있다. 전개 도구를 구축하고 모든 개발 팀에서 전개 절차를 표준화하는 것은 매우 필연적이다. 안정적이고 신뢰할 수 있는 전개 파이프라인 구축 원리는 3장, '안정성과 신뢰성'에서 좀 더 자세히 다룬다.

로깅과 모니터링

마이크로서비스는 마이크로서비스가 생성한 요청과 응답에 관련된 중요 정보를 모두 포함하는 마이크로서비스 수준 로깅을 해야 한다. 마이크로서비스 개발이 빠르게 진행되는 특성 때문에 오류가 발생한 시스템 상태를 재구성할 수 없으므로 버그를 재현하는 것이 종종 불가능하다. 좋은 마이크로서비스 수준 로깅은 개발자에게 과거 또는 현재의 특정 시간의 서비스 상태를 완전히 이해하는 데 필요한 정보를 제공한다. 이와 유사한 이유로 마이크로서비스의 모든 주요 지표에 대해 마이크로서비스 수준 모니터링이 필수적이다. 개발자는 항상 정확한 실시간 모니터링을 통해 서비스 상태를 알 수 있다. 마이크로서비스 수준 로깅과 모니터링은 6장, '모니터링'에서 좀 더 자세히 다룬다.

계층 4: 마이크로서비스

마이크로서비스 생태계의 네 번째 계층으로 마이크로서비스 생태계의 맨 위에 마이크로서비스 계층이 있다. 마이크로서비스 및 마이크로서비스 관련된 것을 포함하며 마이크로서비스 생태계 내에서 하위 계층인 인프라 계층으로부터 완전히 추상화된다. 즉, 하드웨어, 전개, 서비스 디스커버리, 로드 밸런싱, 통신으로부터 추상화된다. 마이크로서비스 계층에서 추상화되지 않는 것은 도구 사용을 목적으로 구성한 각 서비스 관련 환경 설정이다.

일반적으로 소프트웨어 엔지니어링에서 애플리케이션 환경 설정을 중앙 집중식으로 구성한다. 특정 도구나 환경 설정 관리, 자원 격리, 전개 도구의 구성을 해당 도구 자체에 모두 저장한다. 예를 들어 사용자 지정 방식으로 구성한 애플리케이션 전개 환경 설정을 애플리케이션 코드가 아니라 전개 도구에 대한 코드와 함께 저장하는 경우가 많다. 이러한 관례는 모놀리식 아키텍처나 규모가 작은 마이크로서비스 생태계에 효과가 있지만 수백 개의 마이크로서비스와 각자 고유한 환경 설정 구성이 필요한 수십 개의 내부 도구를 운영하는 대규모 마이크로서비스 생태계에서는 다소 번거롭다. 마이크로서비스 팀의 개발자는 마이크로서비스 생태계 내에서 바로 아래 계층에 있는 도구의 코드베이스를 변경해야 하며 때로는 특정 환경 설정의 위치를 잊어버릴 수 있다. 모든 마이크로서비스 관련 환경 설정 구성은 이 문제를 해결하기 위해 마이크로서비스 저장소에 두는 것이 좋으며 마이크로서비스 생태계 내에서 바로 아래 계층에 있는 도구와 시스템을 통해 접근해야 한다.

계층 4 요약: 마이크로서비스 계층

마이크로서비스 생태계의 마이크로서비스 계층(계층 4)은 다음을 포함한다.

- 모든 마이크로서비스
- 마이크로서비스 관련 환경 설정 구성

조직이 직면하는 문제

마이크로서비스 아키텍처를 도입하면 모놀리식 애플리케이션 아키텍처가 야기한, 가장 시급한 문제를 해결한다. 마이크로서비스는 모놀리식 애플리케이션에서 겪는 확장성 문제, 효율성 부족, 신기술 도입의 어려움에 시달리지 않는다. 마이크로서비스는 확장성, 효율성, 개발자 속도에 최적화된다. 신기술이 빠르게 시장의 관심을 끄는 산업에서 크고 무거운 모놀리식 애플리케이션을 개선하고 유지 관리하는 데 드는 조직 운영에 필요한 순수 비용은 그야말로 타당성이 없다. 이런 점을 염두에 두면 모놀리스를 마이크로서비스로 분리하기를 주저하거나 처음부터 마이크로서비스 생태계 구축하는 것을 경계할 이유는 없다.

마이크로서비스는 매혹적이며 다소 명백한 해결책인 듯 보인다. 하지만 그 이면을 잘 알아야 한다. 프레드릭 브룩스^{Frederick Brooks}는 『맨먼스 미신^{The Mythical Man-Month}』(인사이트, 2015)에서 소프트웨어 공학에 묘책이 없는 이유를 다음과 같이 설명한다.

"기술이나 관리 기법에는 단 한 가지 개발 방법만 존재하지 않는다. 10년 안에 생산성, 신뢰성, 단순성 면에서 자체적으로 한 번만 개선할 것이라 생각하지 않기 때문이다."

엄청난 개선을 가져다주는 기술이 있다면 해당 기술이 가져오는 트레이드오프도 알아야 한다. 마이크로서비스는 더 큰 확장성과 효율성을 제공하지만 시스템의 일부는 어떤 대가를 치뤄야 한다.

마이크로서비스 아키텍처에는 특히 중요한 네 가지 트레이드오프가 있다. 첫 번째는 조직 구조의 변화다. 역콘웨이의 법칙의 결과로 팀의 고립과 좋지 못한 팀 간 의사 소통으로 이어지는 경향이 있다. 두 번째는 기술적인 스프롤 현상이 급격히 증가한다. 스프롤 현상으로 인해 조직 전체에 막대한 비용이 들 뿐 아니라 각 엔지니어에게도 상당한 비용이 필요하다. 세 번째는 시스템 장애 가능성이 증가한다. 네 번째는 기술 자원 및 인프라 자원에 대한 경쟁이다.

역콘웨이의 법칙

1968년 프로그래머 멜빈 콘웨이^{Melvin Conway}의 이름에서 명명한 콘웨이의 법칙의 개념은 '회사의 조직과 의사 소통의 구조가 시스템 아키텍처를 결정한다'는 것이다. 역콘웨이의 법칙이라 불리는 콘웨이 법칙의 역(회사 제품의 아키텍처가 회사의 조직 구조를 결정한다)도 유효한데 이는 특히 마이크로서비스 생태계에 의의가 있다. 콘웨이의 법칙이 처음 소개된 지 40년이 지난 지금, 콘웨이의 법칙과 역콘웨이의 법칙 둘 다 여전히 유효하다. 마이크로소프트 사의 조직 구조를 시스템 아키텍처처럼 스케치하면 마이크로소프트 사의 제품 아키텍처와 매우 비슷하다. 구글, 아마존 등 다른 대형 기술 회사도 마찬가지다. 마이크로서비스 아키텍처를 도입한 회사도 이러한 규칙을 예외 없이 적용할 수 있다.

마이크로서비스 아키텍처는 독립적으로 격리된 작은 마이크로서비스로 구성된다. 역콘웨이의 법칙에서 마이크로서비스 아키텍처를 사용한 회사는 조직 구조를 매우 작고 격리된 독립적인 팀으로 구성할 것을 요구한다. 이로부터 발생하는 팀 구조는 필연적으로 사일로 현상과 스프롤 현상을 야기한다. 마이크로서비스 생태계가 좀 더 정교하고 복잡해지고 동시적이고 효율적일 때마다 문제는 악화된다.

역콘웨이의 법칙은 어떤 점에서는 개발자도 마이크로서비스와 같을 것이라는 것을 의미한다. 개발자는 한 가지 업무를 하며 그 한 가지 업무를 매우 잘 수행할 것이다. 개발자는 특정 분야의 지식과 경험, 책임 면에서 마이크로서비스 생태계의 나머지 부분과 격리된다. 총체적으로 보면 마이크로서비스 생태계의 모든 개발자는 업무에서 경험하는 마이크로서비스 생태계의 모든 것을 안다. 반면, 개개의 개발자는 매우 전문화됐기 때문에 담당하고 있는 마이크로서비스 생태계의 업무에 대해서만 안다.

이로부터 야기되는 조직적인 문제는 피할 수 없다. 팀이 격리되고 단절된 채로 마이크로서비스를 개발해야 하더라도 마이크로서비스는 서로 고립되지 않으며 이왕 제품이 전체적으로 작동하려면 마이크로서비스 간 소통이 원활해야 한다. 따라서 팀은 격리되고 독립적으로 기능하면서도 서로 긴밀히 협력해야 한다. 팀의 목적과 핵심 결과 지표^{OKRs, Objectives and key results}를 성문화한 대부분의 팀 목표와 계획이 해당 팀이 담당하는 마이크로서비스에만 특정한다는 점을 고려해보면 마이크로서비스 간의 원활한 소통은 다소 힘들 수 있다.

또한 긴밀할 필요가 있는 마이크로서비스 팀과 인프라 팀의 소통 격차가 크다. 예를 들어 애플리케이션 플랫폼 팀은 모든 마이크로서비스 팀이 사용할 플랫폼 서비스와 도구를 구축해야 하는데 수백 개의 마이크로서비스 개발 팀에 필요한 요구 사항을 얻으려면 작은 프로젝트 구축에 수개월, 심지어 수년이 걸릴 수 있다. 개발자와 인프라 팀이 협업하게 만드는 일은 쉽지 않다.

역콘웨이의 법칙 때문에 발생하는 관련 문제는 더 있다. 모놀리식 아키텍처를 사용하는 회사에서 거의 발견되지 않는 운영 조직에 대한 운영의 어려움이다. 모놀리스에서는 애플리케이션을 위해 운영 인력 배치와 비상 대기 업무 지원이 용이하지만 마이크로서비스 아키텍처에서는 잘 해내기가 매우 어렵다. 왜냐하면 마이크로서비스마다 개발 팀과 운영 팀 둘 다 배치해야 하기 때문이다. 결과적으로 마이크로서비스 개발 팀은 운영 업무와 마이크로서비스에 연관된 작업을 담당해야 한다. 비상 대기 업무와 모니터링 업무를 맡을 별도의 운영 조직이 없다. 즉, 개발자는 자신의 서비스에 대해 비상 대기해야 한다.

기술적 스프롤 현상

두 번째 트레이드오프인 기술적 스프롤 현상은 역콘웨이 법칙의 결과로 비롯된 조직적인 변화와 관련돼 있다. 콘웨이의 법칙과 역콘웨이의 법칙으로부터 마이크로서비스에 대해 조직의 스프롤 현상과 사일로 현상을 예측할 수 있었다. 마이크로서비스 아키텍처에서 스프롤 현상의 두 번째 유형은 기술, 개발 도구 등과 관련돼 있으며 불가피하다. 기술적인 스프롤 현상이 나타나는 다양한 상황 중 가장 일반적인 몇 가지를 다룬다.

1,000개의 마이크로서비스가 있는 대규모 마이크로서비스 생태계를 고려해보면 마이크로서비스 아키텍처가 기술적 스프롤 현상으로 이어지는 이유를 쉽게 알 수 있다. 모든 마이크로서비스를 여섯 명의 개발자로 이뤄진 개발 팀이 담당한다고 가정해보자. 각 개발자는 자신이 선호하는 도구와 라이브러리를 사용하며 자신이 선호하는 프로그래밍 언어로 개발한다. 개발 팀은 자신만의 고유의 전개 방식, 모니터링 및 경고 알림에 사용하는 특정 지표, 자신만의 외부 라이브러리와 내부 종속성, 프로덕션 서버에서 실행하는 스크립트 등을 보유한다.

개발 팀에 1,000명의 개발자가 있다면 한 시스템 내에 한 가지 일을 하는 1,000가지 방법이 있다는 것을 의미한다. 1,000가지 전개 방법, 유지 관리해야 하는 1,000개의 라이브러리, 경고 알림, 모니터링, 테스트 수행, 서비스 가동 중단 문제 조치에 대한 1,000가지 방법이 있을 수 있다. 기술적 스프롤 현상을 줄이는 방법은 마이크로서비스 생태계의 모든 수준에서 표준화하는 것이다.

다른 유형의 기술적인 스프롤 현상이 더 있는데 이는 프로그래밍 언어의 선택과 관련돼 있다. 악명 높게도 마이크로서비스는 개발자의 한층 더 높은 자유와 프로그래밍 언어 및 라이브러리 선택의 자유가 있다. 원칙적으로 가능하고 실제로 적용할 수 있지만 마이크로서비스 생태계가 커지면서 터무니없고 비용이 많이 들며 위험하다. 왜 문제가 되는지 다음 시나리오를 고려해보자. 200개의 서비스가 있는 마이크로서비스 생태계가 있다고 가정해보자. 마이크로서비스를 파이썬, 자바스크립트^{JavaScript}, 하스켈^{Haskell}, 고^{Go}, 루비^{Ruby}, 자바^{Java}, C++로 개발했다고 상상해보라. 각 내부 도구와 마이크로서비스 생태계의 모든 계층 내 시스템과 서비스에 대해 라이브러리를 각각의 프로그래밍 언어로 작성해야 할 것이다.

각각의 프로그래밍 언어를 지원하기 위해 유지 관리와 개발에 드는 비용을 잠시 고려해보자. 이는 정상적이라고 생각되지 않는다. 이를 실현하는 데 필요한 기술 자원을 전용할 만한 기술 조직은 극히 드물 것이다. 지원되는 프로그래밍 언어는 적은 수로 선택하고 라이브러리와 도구가 프로그래밍 언어를 많이 지원하는 것보다 사용하는 프로그래밍 언어와 호환되고 존재하는지 확인하는 것이 좀 더 현실적이다.

다음은 기술적 스프롤 현상의 마지막 유형인 기술적 부채다. 기술적 부채는 보통 빠른 방식으로 작업했지만 좀 더 좋은 최적의 방식으로 시행하지 않았기 때문에 언젠가 해야 할 필요가 있는 작업을 말한다. 마이크로서비스 개발 팀이 빠른 속도로 새로운 기능을 만들어낼 수 있다고 가정할 때 기술적 부채는 종종 백그라운드에서 조용히 형성된다. 시스템 가동이 중단돼 문제를 검토하더라도 전반적으로 최고의 해결책을 도출하는 경우는 드물다. 마이크로서비스 개발 팀에 관한 한, 문제를 빠르게 수정한 것이 무엇이든 그 순간에는 충분히 괜찮은 것이고 좀 더 좋은 해결책은 미래로 떠넘긴다.

좀 더 많은 장애 발생 조건

마이크로서비스는 지속적으로 변화하며 작고 독립적인 부분이 많고 복잡한 대규모 분산 시스템을 이룬다. 이런 복잡한 시스템 속에서 작업하다 보면 개별적인 컴포넌트에 문제가 발생하며 아무도 예측하지 못하는 방식의 문제가 발생한다. 이것으로부터 세 번째 트레이드오프가 시작된다. 마이크로서비스 아키텍처에서는 시스템에 문제가 발생하는 상황이 이보다 많다.

5장, '내결함성과 재난 대비'에서 다룰 장애가 발생할 때에 대비하고 문제를 해결하며 개별 컴포넌트와 마이크로서비스 생태계 전체의 제약 사항과 경계를 시험하는 데에는 여러 가지 방법이 있다. 그러나 얼마나 많은 복원력 테스트를 하고 장애와 재난 시나리오를 자세히 살펴봤는지와는 관계없이 시스템에 문제가 발생할 수밖에 없다는 사실을 이해하는 것이 중요하다. 즉, 문제 발생에 대비해 최선을 다하는 수밖에 없다.

자원 경쟁

자연계의 생태계와 마찬가지로 마이크로서비스 생태계에서의 자원 경쟁은 치열하다. 각 기술 조직에는 자원이 한정돼 있다. 팀, 개발자와 같은 유한한 기술 자원이 있으며 물리적인 서버, 클라우드 하드웨어, 데이터베이스 저장 장치 등과 같은 유한한 하드웨어 및 인프라 자원이 있다. 각 자원은 회사에 막대한 비용이 들게 한다.

마이크로서비스 생태계에 수많은 마이크로서비스와 대규모의 복잡한 애플리케이션 플랫폼이 있으면 하드웨어와 인프라 자원에 대한 팀 간 경쟁은 필연적이다. 모든 서비스와 도구는 똑같이 중요하며 서비스 및 도구의 확장은 우선순위가 가장 높은 것으로 보여야 한다.

이와 마찬가지로 애플리케이션 플랫폼 팀이 시스템과 도구를 적절히 설계하기 위해 사양과 요구 사항을 마이크로서비스 개발 팀에 요청할 때 각각의 마이크로서비스 개발 팀은 각자의 요구 사항이 가장 중요하다고 주장하며 만약 해당 요구 사항이 받아들여지지 않는다면 실망하거나 좌절할 수 있다. 이런 기술 자원의 경쟁은 팀 간의 분노를 불러올 수 있다.

자원 경쟁의 마지막 형태는 기술 인력에 대한 관리자 간의 경쟁, 팀 간의 경쟁, 기술 부서/조직 간의 경쟁이다. 컴퓨터 과학 분야의 졸업생 증가와 개발자 부트캠프의 증가에도 진정으로 훌륭한 개발자를 찾기 어려우며 가장 대체할 수 없고 부족한 자원 중 하나다. 한 명 또는 두 명의 추가 엔지니어를 배치할 수 있는 수백 개 내지 수천 개의 팀이 있다면 각 팀은 자신의 팀에 엔지니어가 추가로 필요하다고 주장할 것이다.

자원 경쟁을 피할 방법은 없지만 다소 완화하는 방법은 있다. 가장 효과적인 방법은 사업 전체에 대해 중요성과 심각성 면에서 팀을 조직하고 분류해 팀의 우선순위와 중요도에 따라 자원에 접근할 권한을 주는 것이다. 이 방법은 개발 도구 팀의 인력 공급이 부족해지는 결과를 초래하고 곧 폐기될 수도 있는 신규 인프라 기술 도입과 같이 미래를 구체화하는 것을 중요하게 여기는 프로젝트를 초래하는 경향 때문에 부정적인 단면이 있다.

2장

생산 준비 기준 갖추기

마이크로서비스 아키텍처를 도입하면 개발자에게 상당한 자유가 주어진다. 하지만 마이크로서비스 생태계 전반에 걸쳐 가용성을 보장하려면 아키텍처, 운영, 조직 측면에서 각각의 마이크로서비스를 높은 수준으로 유지해야 한다. 2장에서는 마이크로서비스 표준화를 실행하면서 겪는 문제를 다루고 표준화의 목표인 가용성을 소개하며 생산 준비 상태를 나타내는 여덟 개 기준을 제시해 기술 조직 전체에 생산 준비를 위한 표준화 실행 전략을 제안한다.

마이크로서비스 표준화 과제

보통 모놀리식 애플리케이션의 아키텍처는 애플리케이션 라이프사이클의 초기에 결정된다. 대부분의 애플리케이션 아키텍처는 회사의 초창기에 결정된다. 사업이 성장하고 애플리케이션 규모가 커지면서 새로운 기능을 추가하려는 개발자는 애플리케이션을 처음 설계했을 때 결정한 사항에 제약을 받는 경우가 종종 있다. 프로그래밍 언어 선택, 사용할 수 있는 라이브러리, 작업할 수 있는 개발 도구, 신기능을 추가할 때마다 애플리케이션 전체를 불안하게 하거나 손상시키지 않기 위해 수행해야 하는 광범위한 회귀 테스트의 필요성에 따라 제약을 받는다. 독립형 모놀리식 애플리케이션에 발생하는 모든 리팩토링은 기본적으로 초기에 결정한 아키텍처로 인해 지속적인 제약을 받는다. 초기의 상태가 온전히 애플리케이션의 미래를 결정한다.

2장의 서두에서 언급했듯이 마이크로서비스 아키텍처를 도입하면 개발자에게 상당한 자유가 주어진다. 과거에 결정한 아키텍처에 더 이상 얽매이지 않으며 원하는 대로 서비스를 설계할 수 있다. 프로그래밍 언어, 데이터베이스, 개발 도구 등을 자유롭게 결정한다. 마이크로서비스 아키텍처 도입에 따른 메시지는 다음과 같다. 한 가지만 수행하는 애플리케이션을 구축하고 해당 애플리케이션은 그 한 가지를 잘 수행하면 된다는 것과 개발자는 필요한 작업이 무엇이든 수행하고 원하는 대로 구축하고 단지 그 작업이 완료됐는지만 확인하면 된다는 것이다.

이렇게 마이크로서비스 개발이 낭만적이고 이상적인 점은 대체로 사실이지만 모든 마이크로서비스가 꼭 그런 것은 아니며 바라는 것과 동일하게 만들어지지도 않는다. 각 마이크로서비스는 마이크로서비스 생태계의 한 부분이며 복잡한 사슬과 같이 얽힌 종속성은 필수적이며 필연적이다. 마이크로서비스가 100개, 1,000개, 심지어 1만 개가 있더라도 각각의 마이크로서비스는 대규모 시스템의 작은 기능을 담당한다. 모든 마이크로서비스는 원활하게 상호 작용해야 한다. 가장 중요한 점은 어떠한 마이크로서비스도 시스템 전체나 제품의 무결성을 손상시켜서는 안 된다는 것이다. 시스템 전체나 제품이 양질의 것이라면 특정 기준에 부합해야 하며 결과적으로 각 부분도 해당 기준을 준수해야 한다.

특정 마이크로서비스 개발 팀의 요구 및 서비스 기능에 중점을 두면 비교적 간단하게 기준을 정해 해당 팀에 요구 사항을 전달할 수 있다. "당신의 팀이 개발하는 마이크로서비스는 x, y, z를 해야 하며 x, y, z를 잘 수행하려면 요구 사항 S 전체를 만족해야 합니다."라고 말하면서 그 팀의 서비스에 해당하는 요구 사항을 전달한다. 불행하게도 이러한 접근법을 적용하기는 쉽지 않으며 마이크로서비스가 터무니없이 거대하게 나뉜 퍼즐의 매우 작은 조각이어야만 한다는 중요한 사실을 간과한다. 마이크로서비스에 대한 생산 준비 기준과 요구 사항을 정의해야 하며 모든 마이크로서비스마다 적용할 수 있도록 충분히 일반적이면서도 정량화하고 측정 가능한 결과를 산출할 수 있도록 충분히 구체적이어야 한다. 즉, 이것이 바로 생산 준비에 대한 개념이다.

가용성: 표준화의 목표

마이크로서비스 생태계 내에서 서비스 가용성에 관한 서비스 수준 협약^{SLA, service-level agreement}은 서비스의 성공 여부를 측정하는 가장 보편적인 방법이다. 서비스가 가동 중지 기간 없이 가용성이 좋다면 약간의 주의점은 있다 하더라도 서비스가 제대로 작동하고 있다는 합리적인 확신이 든다.

가용성을 계산하고 측정하는 것은 쉽다. 가동 시간[1], 가동 중지 시간[2], 서비스를 운영한 총 시간[3]과 같이 측정 가능한 세 가지만 계산하면 된다. 여기서 가용성은 가동 시간을 서비스의 총 운영 시간(가동 시간 + 가동 중지 시간)으로 나눈 값이다.

가용성은 유용한 만큼 그 자체가 마이크로서비스 표준화의 원칙이 아니라 목표다. 마이크로서비스를 설계, 구축, 실행하는 방법에 대한 지침을 제공하지 않으므로 표준화의 원칙이 될 수 없다. 개발자에게 고가용성을 제공하는 방법이나 이유를 알려주지 않으면서 고가용성의 마이크로서비스를 만들라고 하는 것은 무의미하다. 가용성만으로 구체적으로 적용 가능한 단계를 말할 수는 없지만 다음 절에서 볼 수 있듯이 고가용성 마이크로서비스 구축이라는 목표를 달성하기 위해 구체적으로 적용할 수 있는 단계가 있다.

가용성 계산

가용성은 이른바 나인스 표기법(nines notation)으로 측정하며 서비스 가용 시간을 백분율로 나타낸 것이다. 예를 들어 총 운영 시간 중 99%의 시간 동안 가동한 서비스의 가용성은 투-나인스라고 말한다.

이 표기법은 서비스에 허용하는 가동 중지 시간을 나타내기 때문에 유용하다. 만약 포-나인스(99.99%)의 가용성이 서비스에 요구된다면 허용 가능한 가동 중지 시간은 1년 기준으로 52.56분, 한 달 기준으로 4.38분, 한 주 기준으로 1.01분, 하루 기준으로 8.66초가 된다.

---

1   마이크로서비스가 정상적으로 작동하는 시간
2   마이크로서비스가 정상적으로 작동하지 않는 시간
3   가동 시간과 가동 중지 시간의 합계

다음은 99%부터 99.999%까지의 가용성과 각각의 가용성마다 허용된 가동 중지 시간이다.

99% 가용성(투-나인스)

- 3.65일/년
- 7.20시간/월
- 1.68시간/주
- 14.4분/일

99.9% 가용성(쓰리-나인스)

- 8.76시간/년
- 43.8분/월
- 10.1분/주
- 1.44분/일

99.99% 가용성(포-나인스)

- 52.56분/년
- 4.38분/월
- 1.01분/주
- 8.66초/일

99.999% 가용성(파이브-나인스)

- 5.26분/년
- 25.9초/월
- 6.05초/주
- 864.3밀리초/일

생산 준비 기준

생산 준비 기준을 갖춘다는 것에 대한 기본적인 생각은 다음과 같다. 애플리케이션이나 서비스가 생산 준비된 상태라면 프로덕션 트래픽[4]을 처리할 수 있다고 신뢰한다. 즉, 애플리케이

---

4   실제 제품 환경에서 상용되는 트래픽 – 옮긴이

션이나 마이크로서비스를 '생산 준비된' 것으로 지칭할 때 많은 신뢰를 부여한다. 합리적으로 동작하고 기능이 견실하게 돌아가 작업을 완료할 수 있으며 가동 중지 시간을 최소화하면서 작업을 잘 수행할 수 있다고 믿는다. 생산 준비 기준을 갖춘다는 것은 마이크로서비스 표준화의 핵심이며 마이크로서비스 생태계 전반에 걸쳐 가용성을 달성하기 위한 핵심이다.

하지만 위에 명시된 생산 준비 기준을 갖추는 것에 대한 정의는 적용할 정도로 완전하지 않다. 이것이 유용하려면 생산 준비 기준을 갖춘다는 것에 대해 더 많은 설명이 필요하다. 생산 준비된 것으로 간주해 신뢰할 수 있는 적절한 방법으로 프로덕션 트래픽을 처리할 수 있도록 각각의 서비스마다 요구 사항을 정확히 알아야 한다. 즉, 신뢰를 거리낌없이 얻을 수 있는 것은 아니며 그만큼 노력해 얻어야 한다. 요구 사항 자체가 곧 원칙이어야 하며 모든 마이크로서비스, 애플리케이션, 분산 시스템마다 실제로 적용할 수 있어야 한다. 원칙 없는 표준화는 의미가 없다.

원칙에는 여덟 가지가 있으며 이 모두 적용할 때 생산 준비 기준에 적합한 것으로 알려져 있다. 여덟 가지 원칙은 정량화할 수 있으며 그에 따라 일종의 실행 가능한 요구 사항을 수립할 수 있고 측정 가능한 결과를 얻을 수 있다. 여덟 가지 원칙에는 안정성, 신뢰성, 확장성, 내결함성, 재난 대비, 성능, 모니터링 및 문서화가 있다. 각각의 원칙의 원동력은 마이크로서비스 가용성을 높이는 데 기여한다는 것이다.

가용성은 어떤 면에서 생산 준비 기준을 갖춘 마이크로서비스의 새로운 속성이라고 할 수 있다. 확장 가능하고 신뢰할 수 있고 내결함성이 있으며 성능이 뛰어나고 모니터링할 수 있고 문서화돼 있으며 재난에 대비한 마이크로서비스를 구축하는 것에서 시작된다. 이러한 원칙 중 하나만으로 가용성을 보장하기에 충분하지 않기 때문에 모든 원칙을 갖추고 마이크로서비스를 구축하면 강력한 아키텍처 및 운영에 관한 요구 사항으로부터 프로덕션 트래픽 처리를 신뢰할 수 있는 고가용성 시스템을 보장한다.

안정성

마이크로서비스 아키텍처의 도입으로 인해 개발자는 자유롭게 매우 빠른 속도로 개발하고 전개할 수 있게 됐다. 매일 신기능을 추가하고 전개할 수 있으며 버그를 신속하게 수정할 수 있다. 낡은 기술을 새로운 기술로 교체할 수 있으며 구 버전의 마이크로서비스를 다시 개발할 수 있고 이전 버전은 더 이상 사용하지 않도록 권고하고 폐기할 수 있다. 반면, 개발 속도 증가로 인해 불안정성도 증가한다. 마이크로서비스 생태계에서 대부분의 서비스 가동 중단 문제는 일반적으로 버그가 있는 코드나 심각한 오류가 포함된 적절하지 못했던 과거의 전개 시점으로 거슬러 올라간다. 가용성을 보장하려면 개발자 속도 증가와 마이크로서비스 생태계의 끊임없는 변화로 인해 발생하는 이러한 불안정성에 대비해야 한다.

안정성은 마이크로서비스의 변경 사항을 책임 있게 처리할 수 있는 방법을 제공함으로써 가용성을 확보한다. 안정적인 마이크로서비스는 개발, 전개, 신기능 추가, 마이크로서비스의 폐기 및 미사용 권고로부터 더 큰 마이크로서비스 생태계 전반에 걸쳐 불안정성을 유발하지 않는다. 마이크로서비스 생태계에서 일어나는 변경 사항이 야기하는 부작용을 완화하기 위해 각각의 마이크로서비스의 안정성에 대한 요구 사항을 결정할 수 있다.

개발 과정에서 발생하는 문제를 완화하기 위해 안정된 개발 절차를 적용할 수 있다. 전개 활동으로 인한 불안정성을 없애려면 적절한 스테이징, 카나리아[5], 생산 환경으로의 출시와 더불어 마이크로서비스를 신중하게 전개해야 한다. 신기술 도입과 기존 마이크로서비스의 미사용 권고 및 폐기로 인해 다른 서비스의 가용성을 손상시키는 것을 막기 위해서는 안정적인 절차를 따르는 것이 좋다.

---

5   카나리아 환경에서는 보통 프로덕션 서버의 2~5%를 선별한 서버로 구성한다.

신뢰성

앞 절에서 다룬 안정성만으로는 마이크로서비스의 가용성을 보장하기에 충분하지 않다. 마이크로서비스도 신뢰할 수 있어야 한다. 신뢰할 수 있는 마이크로서비스는 마이크로서비스의 클라이언트와 종속성이 있는 마이크로서비스 및 마이크로서비스 생태계 전체에서 신뢰할 수 있는 것을 말한다. 또한 신뢰할 수 있는 마이크로서비스는 프로덕션 트래픽을 처리하는 데 필수적이며 실제로 신뢰가 있는 것을 말한다.

안정성은 변화에 수반되는 부작용의 완화와 관련돼 있는 반면, 신뢰성은 신뢰와 관련돼 있다. 안정성과 신뢰성은 서로 떼려야 뗄 수 없다. 안정성 요구 사항은 신뢰성 요구 사항을 함께 지닌다. 예를 들어 개발자는 안정적인 전개 절차를 추구해야 할 뿐 아니라 각각의 전개는 클라이언트나 종속성 관점에서 신뢰할 수 있어야 한다.

안정성 요구 사항을 정했던 방식과 동일하게 신뢰성을 확립하는 요구 사항을 몇 가지로 나눌 수 있다. 예를 들어 포괄적인 통합 테스트의 수행과 스테이징 단계 및 카나리아 단계에서의 성공적인 전개를 통해 전개 절차를 신뢰할 수 있게 만들 수 있다. 이로써 생산 환경에 적용한 모든 변경 사항이 클라이언트와 종속성에 오류를 포함하지 않음을 신뢰할 수 있도록 한다.

신뢰할 수 있는 마이크로서비스를 구축하면 가용성이 보장된다. 클라이언트 서비스가 순조롭게 동작하도록 하려면 데이터를 캐시할 수 있어야 하며 이러한 점은 서비스를 고가용성으로 만들기 때문에 서비스 수준 협약을 보장한다. 종속성 있는 마이크로서비스의 서비스 수준 협약을 보장하기 위해 가용성에 문제가 발생하지 않도록 방어 캐싱을 구현할 수 있다.

신뢰성에 대한 마지막 요구 사항은 서비스 라우팅, 서비스 디스커버리와 관련돼 있다. 가용성은 서로 다른 서비스 간 통신과 라우팅을 신뢰할 수 있게 처리하도록 요구한다. 서비스의 정상 상태 확인^{health check}은 정확해야 하고 요청과 응답은 목적지에 도달해야 하며 오류는 신중하고 적절하게 처리돼야 한다.

신뢰성 요구 사항

신뢰할 수 있는 마이크로서비스를 구축하기 위한 요구 사항은 다음과 같다.

- 신뢰할 수 있는 전개 절차
- 종속성의 장애에 대비한 계획, 문제 완화, 문제 방지
- 신뢰할 수 있는 서비스 라우팅과 서비스 디스커버리

생산 준비 기준에 맞는 신뢰성 요구 사항에 대한 내용은 3장, '안정성과 신뢰성'에서 좀 더 자세히 다룬다.

확장성

마이크로서비스의 트래픽은 거의 고정되거나 일정하게 유지되지 않는다. 성공한 마이크로서비스와 마이크로서비스 생태계의 특징 중 하나는 트래픽이 꾸준히 증가하는 것이다. 이러한 성장에 대비해 마이크로서비스를 구축함으로써 쉽게 확장할 수 있어야 한다. 마이크로서비스의 트래픽 증가에 따라 마이크로서비스 확장이 불가능하다면 서비스가 지연되고 가용성이 형편없어지며 극단적인 경우에는 사고 및 서비스 가동 중단 문제가 급격히 증가한다. 생산 준비를 위한 세 번째 기준인 확장성은 가용성을 위해 매우 중요하다.

확장성이 있는 마이크로서비스는 많은 수의 작업과 요청을 동시에 다룰 수 있다. 마이크로서비의 확장성을 보장하려면 페이지 뷰나 고객 주문에 따른 확장 가능 여부와 같은 질적 성장 규모와 초당 요청 처리 수와 같은 양적 성장 규모를 알아야 한다. 성장 규모를 알면 향후 필요한 용량을 계획할 수 있고 자원 병목 현상과 요구 사항을 파악할 수 있다.

마이크로서비스가 트래픽을 다루는 방식도 확장 가능해야 한다. 트래픽이 폭발적으로 증가할 때에 대비해야 하고 트래픽을 신중하게 다뤄야 하며 서비스가 완전히 중지되는 것을 방지해야 한다. 말하는 것이 행하는 것보다 쉽지만 트래픽의 증가를 다룰 수 없다면 개발자는 제대로 동작하지 않는 마이크로서비스 생태계를 그저 바라볼 수밖에 없을 것이다.

마이크로서비스 생태계의 다른 부분에서 추가로 복잡성이 나타난다. 불가피한 서비스 클라이언트의 요청 증가와 추가 트래픽에 대비해야 한다. 이와 마찬가지로 트래픽의 증가가 예상된다면 종속성이 있는 모든 마이크로서비스 개발 팀에 알려야 한다. 팀 간 의사 소통과 협업은 확장성을 위해 필수다. 서비스의 확장성 요구 사항, 상태, 병목 현상에 대해 클라이언트 및 종속성에 연관된 팀과의 정기적인 의사 소통을 통해 서로 의존하는 모든 서비스가 성장과 잠재적 위험에 대비할 수 있다.

마지막으로 마이크로서비스가 데이터를 저장하고 다루는 방식 또한 확장 가능해야 한다. 확장성이 있는 저장소 솔루션을 구축하는 것은 마이크로서비스 가용성을 보장하는 데 많은 도움이 되며 생산 준비된 시스템의 필수 구성 요소 중 하나다.

확장성 요구 사항

확장 가능한 마이크로서비스를 구축하기 위한 요구 사항은 다음과 같다.

- 잘 정의된 양적 및 질적 성장 척도
- 자원 병목 현상과 요구 사항 파악
- 신중하고 정확한 용량 계획
- 확장 가능한 트래픽 처리
- 종속성이 있는 마이크로서비스의 확장
- 확장 가능한 데이터 저장소

생산 준비 기준에 맞는 확장성 요구 사항에 대한 내용은 4장, '확장성과 성능'에서 좀 더 자세히 다룬다.

내결함성과 재난 대비

가장 단순한 마이크로서비스일지라도 시스템은 꽤 복잡하다. 잘 알다시피 복잡한 시스템은 자주 멈추며 마이크로서비스 라이프사이클상의 어느 시점에서라도 장애 시나리오는 잠재적으로 발생할 수 있다. 마이크로서비스는 단독으로 존재하지 않고 규모가 더 크고 믿을 수 없을 정도로 복잡한 마이크로서비스 생태계의 일부로 종속돼 있다. 복잡성은 마이크로서비스 생태계 전체에 있는 마이크로서비스의 수에 비례해 선형적으로 증가한다. 개별적인 마이크로서비스뿐 아니라 마이크로서비스 생태계 전체의 가용성을 보장하도록 생산 준비 기준을 갖추기 위해 각각의 마이크로서비스마다 또 다른 기준이 필요하다. 마이크로서비스 생태계 내의 모든 마이크로서비스는 내결함성이 있어야 하며 모든 재난에 대비해야 한다.

내결함성이 있고 재난에 대비하고 있는 마이크로서비스는 내외부의 장애를 견뎌낼 수 있다. 내부 장애는 마이크로서비스 자체에서 발생한다. 예를 들어 적절한 테스트로 발견하지 못한 코드 버그는 부적절한 전개로 이어져 마이크로서비스 생태계 전체에 영향을 미치는 서비스 가동 중단 문제를 야기한다. 데이터센터 장애와 마이크로서비스 생태계 전반의 설정 관리 결함과 같은 외부의 재난은 모든 마이크로서비스와 조직 전체의 가용성에 영향을 미치는 서비스 가동 중단 문제를 야기한다.

장애 시나리오와 잠재적인 재난은 비록 철저하지 않더라도 매우 적절하게 대비할 수 있다. 내결함성이 있고 생산 준비된 마이크로서비스를 구축하는 첫 번째 요구 사항은 장애와 재난 시나리오를 파악하는 것이다. 이러한 시나리오를 파악하면 시나리오 발생 시점에 대한 전략을 수립하고 계획해야 하는 힘든 작업을 시작한다. 이 작업은 마이크로서비스 생태계의 모든 수준에서 이뤄져야 하며 문제 완화 전략이 표준화되고 예측 가능하도록 해당 전략을 조직 전체에 공유하고 전달해야 한다.

장애의 완화와 해결에 대한 조직 수준에서의 표준화는 개별적인 마이크로서비스, 인프라 구성 요소, 마이크로서비스 생태계 전체에 일어난 사고와 시스템 가동 중단 문제를 신중하게 실행하고 쉽게 이해할 수 있는 절차로 다뤄야 함을 의미한다. 사고 대응 절차는 조직적으로 계획하고 철저히 의사 소통하는 방식으로 처리해야 한다. 이러한 방식으로 사고와 시스템 가동 중단 문제를 다루고 사고 대응 구조를 잘 정의한다면 조직은 가동 중지 시간이 길어지는 것을 피할 수 있으며 마이크로서비스의 가용성을 보호할 수 있다. 모든 개발자가 서비스 가동 중단 발생 시 해야 할 작업을 정확히 알고 문제를 신속하고 적절하게 완화하고 해결하는 방법을 알며 문제가 능력 밖에 있거나 통제할 수 없는 상황에서 문제의 내용을 확산시켜 전파하는 방법을 알고 있다면 문제 완화 및 해결 시간은 대폭 짧아진다.

장애와 재난을 예측 가능하게 만드는 것은 장애와 재난 시나리오를 확인하고 계획을 수립하는 것보다 한 걸음 더 나아가는 것이다. 마이크로서비스, 인프라, 마이크로서비스 생태계에 존재하는 문제를 알아낼 수 있도록, 알려진 모든 방법으로 시스템 전체의 가용성을 시험하는 것을 의미한다. 이는 다양한 형태의 복원력 테스트를 통해 수행된다. 복원력 테스트의 첫 번째 단계는 단위 테스트, 회귀 테스트, 통합 테스트가 포함된 코드 테스트다. 두 번째 단계는 부하 테스트로써 마이크로서비스와 인프라 구성 요소가 트래픽의 급격한 변화를 처리할 수 있는지를 시험한다. 마지막 단계는 테스트 강도가 가장 높고 복원력 테스트로 가장 적절한 카오스 테스트다. 카오스 테스트는 마이크로서비스와 인프라 구성 요소가 알려진 모든 장애 시나리오에 정말 대비하고 있는지 확인하기 위해 장애 시나리오를 프로덕션 서비스상에서 계획하에 무작위로 시험한다.

내결함성과 재난 대비 요구 사항

모든 재난에 대비한 내결함성이 있는 마이크로서비스를 구축하기 위한 요구 사항은 다음과 같다.

- 잠재적인 재난과 장애 시나리오를 파악 및 계획
- 단일 장애 지점 파악 및 해결
- 장애 발견 및 조치 전략 마련
- 코드 테스트, 부하 테스트, 카오스 테스트를 통한 복원력 테스트
- 장애에 대비한 신중한 트래픽 관리
- 사고와 서비스 가동 중단 문제의 적절하고 신속한 처리

생산 준비 기준에 맞는 내결함성 및 재난 대비 요구 사항에 대한 내용은 5장, '내결함성과 재난 대비'에서 좀 더 자세히 다룬다.

성능

앞에서 간단히 다룬 확장성은 마이크로서비스 생태계의 맥락에서 마이크로서비스가 얼마나 많은 요청을 처리할 수 있는지와 관련돼 있다. 이 절에서 다룰 생산 준비의 원칙 중 하나인 성능은 마이크로서비스가 요청을 얼마나 잘 처리하는지를 나타낸다. 성능 기준에 맞는 마이크로서비스는 요청을 빠르게 처리하고 작업을 효율적으로 처리하며 하드웨어 및 인프라 구성 요소와 같은 자원을 적절히 활용한다.

예를 들어 네트워크를 통한 호출은 성능 면에서 비용이 많이 발생하며 이러한 네트워크를 많이 호출하는 마이크로서비스는 비효율적이다. 비동기식의 난블로킹 작업 처리가 성능과 서비스 가용성을 높인다면 작업을 동기적으로 처리하지 않아야 한다. 이처럼 성능 문제를 파악해 성능에 문제 없이 구조를 설계하는 것은 엄밀한 생산 준비 기준을 갖추는 사항에 해당한다.

이와 마찬가지로 CPU와 같이 자원을 많이 활용하지 않는 마이크로서비스에 많은 CPU 자원을 할당하는 것은 비효율적이다. 비효율성은 성능 저하를 일으킨다. 마이크로서비스 수준에서 모든 경우가 명확하지 않으면 마이크로서비스 생태계 수준에서는 골치가 아프고 비용이 많이 든다. 활용도가 낮은 하드웨어 자원은 수익에 영향을 미치며, 하드웨어는 저렴하지 않다. 낮은 활용도와 적절한 용량 계획 사이의 경계는 모호하다. 따라서 마이크로서비스의 가용성을 손상하지 않으면서도 낮은 활용도에 따른 비용이 적절하도록 두 가지를 함께 고려해 계획해야 한다.

성능 요구 사항

성능이 좋은 마이크로서비스를 구축하기 위한 요구 사항은 다음과 같다.

- 가용성을 위한 적절한 서비스 수준 협약
- 적절한 작업 처리
- 자원의 효율적인 활용

생산 준비 기준에 맞는 성능 요구 사항에 대한 내용은 4장, '확장성과 성능'에서 좀 더 자세히 다룬다.

모니터링

마이크로서비스의 가용성을 보장하는 데 필요한 또 다른 원칙은 적절한 마이크로서비스 모니터링이다. 훌륭한 모니터링에는 세 가지 구성 요소가 있다. 관련되고 중요한 모든 정보의 적절한 로깅, 회사에 있는 모든 개발자가 쉽게 이해할 수 있고 서비스의 상태를 정확히 반영한 도표나 그래프로 나타낸 대시보드, 효율적이고 실행 가능한 핵심 지표에 대한 경고 알림이다.

로깅은 각각의 마이크로서비스에 속한 코드베이스에서 시작된다. 기록할 정보는 각 서비스마다 다르지만 로깅의 목표는 매우 간단하다. 과거 수많은 전개에서 발생한 버그를 마주할 때면 정확히 무엇이 잘못됐는지, 어디에서 문제가 발생했는지를 로그에서 정확하게 파악할 수 있어야 한다. 마이크로서비스 생태계에서 마이크로서비스 버저닝은 권장되지 않지만 버그나 문제를 알아내기 위해 문제가 되는 정확한 버전을 쉽게 찾지 못하게 만든다. 코드는 자주 수정되고 한 주에도 여러 번 전개하며 기능은 지속적으로 추가되고 종속성이 끊임없이 변하지만 로그는 동일하게 유지되므로 문제를 정확히 찾아내는 데 필요한 정보는 보존된다. 따라서 문제를 판단하는 데 필요한 정보를 로그에 포함하고 있는지 확인해야 한다.

하드웨어 사용률, 데이터베이스 연결 수, 응답 및 평균 응답 시간, API 엔드포인트 상태와 같은 핵심 지표를 쉽게 접근할 수 있는 대시보드상에 도표나 그래프로 표시해야 한다. 대시보드는 모니터링이 잘되고 생산 준비된 마이크로서비스를 구축하는 데 중요한 구성 요소다. 마이크로서비스 상태를 한눈에 쉽게 판단할 수 있으며 개발자가 이상 패턴을 감지할 수 있고 경고 알림이 발생할 만큼 심각한 상황에 이르지 않도록 이상 현상을 감지할 수 있게 한다. 대시보드를 현명하게 사용하면 개발자가 대시보드를 보고 마이크로서비스가 올바르게 작동하는지 알 수 있다. 하지만 개발자는 사고와 서비스 가동 중단과 같은 문제를 알아내기 위해 대시보드를 볼 필요는 없으며 안정적인 이전 빌드로의 롤백은 완전히 자동화할 것을 추천한다.

실제로 장애는 경고 알림을 통해 감지할 수 있다. CPU와 RAM 사용률, 파일 기술자 수, 데이터베이스 연결 수, 서비스 수준 협약, 요청과 응답, API 엔드포인트 상태, 오류와 예외, 서비스 종속성이 있는 마이크로서비스의 상태, 데이터베이스 정보, 실행 중인 작업 수 등을 포함한 모든 핵심 지표에 대해 경고 알림 메시지를 받아야 한다.

이러한 핵심 지표에 대해 정상 임곗값, 주의 임곗값, 위험 임곗값을 설정해야 한다. 주의 임곗값이나 위험 임곗값에 도달하는 등의 표준 범위를 벗어나는 경우라면 서비스를 위해 비상 대기 근무 중인 개발자에게 알림 메시지를 보내야 한다. 임곗값은 잡음을 피할 수 있을 만큼 충분히 높게 잡되, 실제 문제를 모두 발견할 만큼 낮아야 한다.

경고 알림은 쓸모가 있어야 하고 실행 가능해야 한다. 실행할 수 없는 경고는 유용하지 않으며 개발 시간 낭비다. 실행 가능한 모든 경고 알림은 운영 지침에 따라야 한다. 예를 들어 특정 예외에 대한 경고 알림이 많이 발생하는 경우 서비스를 위해 비상 대기 근무 중인 개발자가 문제를 해결하면서 문제 완화 전략이 포함된 설명서를 참조할 수 있어야 한다.

모니터링 요구 사항

제대로 모니터링되는 마이크로서비스를 구축하기 위한 요구 사항은 다음과 같다.

- 적절한 로깅과 쌓여 있는 로그를 통한 추적
- 서비스 상태를 정확히 반영하고 쉽게 이해할 수 있도록 설계된 대시보드
- 설명서와 함께 하는 효율적이고 실행 가능한 경고 알림
- 비상 대기 순환 근무 실행 및 유지 관리

생산 준비 기준에 맞는 모니터링 요구 사항은 6장, '모니터링'에서 좀 더 자세히 다룬다.

문서화

마이크로서비스 아키텍처는 잠재적으로 기술적 부채가 늘어날 가능성이 있다. 마이크로서비스 도입에 따라 발생하는 트레이드오프의 핵심 사항 중 하나다. 대체로 기술적 부채는 개발자 속도에 따라 증가하는 경향이 있다. 서비스를 빠르게 반복해 변경하고 전개할수록 더욱 빈번하게 지름길을 택하며 자주 패치한다. 마이크로서비스의 문서화 및 이해에 관해 조직적으로 명료함과 체계를 갖춘다면 기술적 부채, 혼란, 인식 결여, 구조적인 이해 결여를 줄일 수 있다.

훌륭한 문서화를 생산 준비 원칙으로 삼는 이유가 기술적 부채를 줄이는 것만은 아니다. 이렇게 생각하면 문서화가 중요한 고려 사항이면서도 다소 나중에 해도 된다고 생각할 것이다. 하지만 다른 생산 준비 기준과 마찬가지로 문서화 및 문서화에 관련된 이해는 마이크로서비스 가용성에 어느 정도 직접적인 영향을 미친다.

왜 이것이 사실인지 알아보기 위해 개발 팀이 어떻게 협력하고, 마이크로서비스에 대한 지식을 어떻게 공유하는지 생각해볼 수 있다. 회의실에 개발 팀을 앉혀놓고 화이트보드에 서비스의 아키텍처와 중요한 세부 사항을 스케치해보라고 할 수 있다. 아마도 이 실험 결과에 놀랄 것이다. 실험 집단 전체가 서비스에 대한 지식과 이해도에 일관성이 없거나 논리적이지 않을 가능성이 높다고 장담한다. 한 명의 개발자는 애플리케이션에 대해 다른 개발자가 모르는 하나를 알고 있을 것이다. 또 다른 한 명의 개발자는 동일한 코드베이스에 기여하고 있는지조차 의아해하는 마이크로서비스를 다르게 이해하고 있을 것이다. 코드 변경 사항 검토, 기술 교체, 기능 추가가 있을 때 지식과 이해의 결여 때문에 생산 준비 기준에 미치지 못하는 마이크로서비스를 설계하거나 전개하게 된다. 이러한 마이크로서비스는 프로덕션 트래픽을 확실하게 처리하는 서비스 능력을 약화시키는 심각한 결점을 포함한다.

이러한 혼란과 문제는 모든 마이크로서비스가 매우 엄격히 표준화된 문서화 요구 사항을 따르면 쉽게 피할 수 있다. 문서에는 아키텍처 다이어그램, 온보딩onboarding, 개발 지침, 요청 흐름request flow 및 API 엔드포인트의 세부 사항, 서비스 경고 알림에 대한 비상 대기 근무 설명서를 포함한 마이크로서비스에 대한 모든 필수 정보를 포함해야 한다.

마이크로서비스는 여러 가지 방법으로 이해할 수 있다. 첫 번째는 위에서 언급한 실험을 통해 이해하는 것이다. 개발 팀을 회의실에 집어넣고 화이트보드에 서비스 아키텍처를 그려보라고 하는 것이다. 늘 고맙게도 개발자 속도가 빠른 덕분에 마이크로서비스는 라이프사이클 전반에 걸쳐 여러 번 급진적으로 변한다. 아키텍처 검토를 개발 절차의 일부로 만들고 정기적으로 일정을 관리해 마이크로서비스 변경 사항에 대한 지식과 이해가 팀 전체에 전파되는 것을 보장할 수 있다.

마이크로서비스를 이해하는 방법에 관한 두 번째 견지를 다루려면 한 단계 추상화해서 생산 준비 기준 자체를 고려해야 한다. 마이크로서비스의 상당 부분은 마이크로서비스의 생산 준비 여부와 생산 준비 기준 및 해당 기준의 요구 사항과 관련돼 있는지 파악해 이해할 수 있다. 이는 수많은 방법으로 수행할 수 있으며 그중 하나는 마이크로서비스가 요구 사항을 만족하는지 검사해 생산 준비 상태로 만드는 방법을 자세히 설명한 서비스 로드맵을 작성하는 것이다. 요구 사항을 확인하는 일은 조직에 걸쳐 자동화할 수 있다. 다음 절에서는 마이크로서비스 아키텍처를 도입한 조직의 생산 준비 기준의 이행에 관해 좀 더 자세히 다룬다.

문서화 요구 사항

문서화가 잘된 마이크로서비스를 구축하기 위한 요구 사항은 다음과 같다.

- 마이크로서비스 관련 필수 정보를 포함한 중앙 집중식의 빈틈없는 최신 내용 문서 유지
- 개발자, 팀, 마이크로서비스 생태계 수준에서의 조직적 이해

생산 준비 기준에 맞는 문서화 요구 사항은 7장, '문서화와 이해'에서 좀 더 자세히 다룬다.

생산 준비 실행

이제 마이크로서비스 생태계의 모든 마이크로서비스에 적용되는 기준과 각각의 기준에 맞는 요구 사항을 마련했다. 이런 요구 사항을 만족하는 마이크로서비스는 프로덕션 트래픽을 처리할 수 있고 고가용성을 보장할 수 있다.

생산 준비 기준을 마련했으므로 다음은 실세계의 특화된 마이크로서비스 생태계에 생산 준비 기준을 어떻게 적용할지가 남아 있다. 원칙부터 실행까지 실세계 애플리케이션에 이론을 적용하는 것은 항상 상당한 어려움이 있다. 그러나 생산 준비 기준과 요구 사항이 갖고 있는 힘은 뛰어난 적용성과 엄격한 세분성에 있다. 둘 다 어떤 생태계에도 적용할 수 있을 정도로 일반적이면서 실현 가능한 실체적 전략을 제공할 만큼 구체적이다.

표준화는 조직의 모든 수준에서 받아들여야 하며 위에서 아래로 그리고 아래에서 위로 도입하고 주도해야 한다. 임원 및 경영과 개발 지도층에서 이러한 원칙을 추진해야 하며 기술 조직의 아키텍처 요구 사항으로 뒷받침해야 한다. 처음부터 각각의 개발 팀 내에서 표준화를 받아들이고 실행해야 한다. 중요한 점은 표준화를 개발과 전개 활동을 방해하는 요소나 관문으로 여기는 것이 아니라 생산 준비된 개발과 전개를 위한 지침으로 보고 소통해야 한다.

많은 개발자가 표준화에 거부감을 느낄 수 있다. 결국 개발자 속도, 자유, 생산성을 더 많이 제공하기 위해 마이크로서비스 아키텍처를 도입한 것 아니냐고 주장할 수 있다. 이러한 이의 제기에 대한 답은 마이크로서비스 아키텍처 도입으로 인해 개발 팀에 자유와 속도를 가져다주는 점을 부인하지 않는 것이고 생산 준비 기준을 마련해야 하는 정확한 이유를 짚어내고 합의에 이르는 것이다. 서비스의 가동이 중단되거나 부적절한 전개로 인해 마이크로서비스 클라이언트 및 종속성이 있는 마이크로서비스의 가용성에 문제가 발생하거나 적절한 복원력 테스트로 피할 수 있었던 장애 때문에 마이크로서비스 생태계 중단을 야기할 때마다 개발자 속도와 생산성은 저하된다. 소프트웨어 개발에 관해 지난 50년 동안 표준화를 통해 자유가 주어지고 불확실성을 감소시킨다는 것을 알게 됐다. 소프트웨어 공학 실무에 관한 최고의 에세이라고 여겨지는 프레드릭 브룩스의 저서 『맨먼스 미신』에서는 "형식은 자유롭다."라고 말한다.

기술 조직이 생산 준비 기준을 도입하고 따르는 데 동의하면 다음 단계는 각각의 기준에 해당하는 요구 사항에 대해 검토하고 정교화한다. 이 책에 걸쳐 상세히 설명된 요구 사항은 매우 일반적인 내용을 제시했기 때문에 맥락과 조직별 세부 사항 및 실행 전략을 추가해야 한다. 생산 준비 기준과 각각의 기준에 맞는 요구 사항을 통해 작업을 수행해야 하며 기술 조직에서 각각의 요구 사항 실행 방법을 파악해야 한다. 예를 들어 조직의 마이크로서비스 생태계에 셀프 서비스 전개 도구가 있는 경우 안정적으로 신뢰할 수 있는 전개 절차를 실행하기 위해 내부의 전개 도구 및 동작 방법에 관해 알려야 한다. 내부 도구 구축이나 기능 추가의 경우도 이러한 활동을 통해 알릴 수 있다.

요구 사항을 실제로 실행하고 마이크로서비스의 요구 사항 만족 여부를 판단하는 것은 개발자, 팀장, 경영진이나 시스템 엔지니어, 데브옵스 엔지니어, 사이트 안정 엔지니어와 같은 운영 엔지니어가 할 수 있다. 생산 준비의 표준화를 도입한 우버와 몇몇 회사에서는 사이트 안정 엔지니어링 조직이 생산 준비 기준을 이행하고 실시한다. 보통 사이트 안정 엔지니어링 조직은 서비스 가용성을 책임지기 때문에 마이크로서비스 생태계에 걸쳐 생산 준비 기준을 적용하는 일은 기존의 업무와도 잘 들어맞는다. 이는 개발자나 개발 팀이 서비스가 생산 준비된 상태에 있도록 보장할 책임이 없다는 것이 아니라 오히려 사이트 안정 엔지니어링 조직은 마이크로서비스 생태계 내에 생산 준비를 갖추도록 알리고 주도해 시행하는 것이며 실행 책임은 개발 팀에 있는 사이트 안정 엔지니어와 개발자에 있다.

생산 준비된 마이크로서비스 생태계를 구축하고 유지 관리하는 것은 쉬운 일이 아니지만 이에 따른 보상은 크다. 마이크로서비스의 가용성이 향상되면 매우 분명하게 영향을 미친다. 생산 준비 기준과 요구 사항을 이행하면 주목할 만한 결과를 얻는다. 또한 개발 팀은 관련된 서비스를 신뢰할 수 있으며 안정성, 신뢰성, 내결함성이 있고 성능이 좋으며 모니터링 및 문서화할 수 있고 재난에 대비하고 있다는 것을 알 수 있다.

3장

안정성과 신뢰성

생산 준비된 마이크로서비스는 안정적이고 신뢰할 수 있다. 각각의 마이크로서비스와 전반적인 마이크로서비스 생태계는 끊임없이 변화하고 발전한다. 마이크로서비스의 안정성과 신뢰성을 높이기 위한 노력은 마이크로서비스 생태계의 강건함과 가용성 확보에 많은 도움이 된다. 3장에서는 안정적이고 신뢰할 수 있는 마이크로서비스를 구축하고 운영하는 다양한 방법을 모색하고 개발 절차 표준화 및 포괄적 전개 파이프라인 구축, 종속성 이해 및 장애 방지, 안정적이고 신뢰할 수 있는 서비스 라우팅 및 서비스 디스커버리 구축, 오래 돼서 쓸모없는 마이크로서비스 및 마이크로서비스 엔드포인트의 미사용 권고 및 폐기에 대한 적절한 절차 수립에 관해 다룬다.

안정적이고 신뢰할 수 있는 마이크로서비스 구축 원칙

마이크로서비스 아키텍처는 빠른 개발 속도에 적합하다. 마이크로서비스 아키텍처 도입이 가져다준 자유로 인해 마이크로서비스는 정적이지 않으며 지속적으로 변화하고 늘 발전한다. 기능이 매일 추가되고 하루에도 신규 빌드를 여러 번 전개하며 오래된 기술은 믿기 어려운 속도로 새롭고 더 나은 기술로 대체된다. 이러한 자유와 유연성은 실제적이고 실질적인 혁신을 가져오지만 큰 비용이 든다.

혁신, 개발자 속도 및 생산성 증가, 빠른 기술 발전, 끊임없이 변화하는 마이크로서비스 생태계는 마이크로서비스 생태계의 어느 한 부분이라도 불안정하거나 신뢰할 수 없다면 매우 빠르게 중단될 수 있다. 경우에 따라 망가진 빌드나 버그가 포함된 빌드를 사업에 중요한 마이크로서비스에 전개함으로써 사업 전체를 중단시킬 수 있다.

안정적인 마이크로서비스는 개발, 전개, 신기술 도입, 서비스의 폐기 및 미사용 권고로부터 더 큰 규모의 마이크로서비스 생태계에 불안정을 야기하지 않는 것이다. 이를 위해 마이크로서비스의 변화로 인해 발생하는 부정적인 결과를 방지하기 위한 조치를 취해야 한다. 신뢰할 수 있는 마이크로서비스는 다른 마이크로서비스 및 마이크로서비스 생태계 전체가 신뢰할 수 있는 서비스다. 안정성은 신뢰성과 밀접하게 관련돼 있다. 안정성 요구 사항은 신뢰성 요구 사항을 수반하며 그 반대도 마찬가지다. 예를 들어 안정적인 전개 절차에는 신규 전개 활동으로 인해 클라이언트 및 종속성 관점에서 마이크로서비스의 신뢰성을 손상시키지 않아야 한다는 요구 사항을 수반한다.

마이크로서비스가 안정적이고 신뢰할 수 있는지를 보장하기 위해 할 수 있는 몇 가지 작업이 있다. 좋지 못한 개발 관행을 방지하기 위해 표준화된 개발 사이클을 적용할 수 있다. 한 가지는 코드 변경 사항을 프로덕션 서버에 반영하기 전에 여러 단계를 통과하도록 전개 절차를 설계할 수 있다. 전개 절차로부터 종속성 장애 발생을 막을 수 있다. 다른 한 가지는 비정상적인 트래픽 패턴을 처리하기 위해 서비스의 정상 상태 확인, 적절한 라우팅, 서킷 브레이커 circuit breaker[1]와 같은 기능을 서비스 라우팅과 서비스 디스커버리에 구축할 수 있다. 마지막으로 마이크로서비스와 마이크로서비스 엔드포인트는 다른 마이크로서비스에 장애를 야기하지 않으면서 미사용 권고 또는 폐기될 수 있다.

---

1   전기 회로를 누전이나 과전압과 같은 현상으로부터 보호하기 위해 회로를 차단하는 일종의 장치를 말한다. 마이크로서비스에도 이 개념을 적용함으로써 비정상적인 트래픽을 감지한 경우 트래픽을 차단해 서비스 전체가 위험한 상황에 빠지는 것을 막는다. – 옮긴이

개발 사이클

마이크로서비스의 안정성과 신뢰성은 서비스에 코드를 기여하는 개발자로부터 시작된다. 대부분의 서비스 가동 중단과 마이크로서비스 장애는 개발 단계, 테스트 단계, 전개 절차의 모든 단계에서 발견되지 않은 코드의 버그 때문에 발생한다. 보통은 이러한 서비스 가동 중단과 장애를 완화하고 해결하려면 최신 안정 빌드로 되돌아가는 것뿐이다. 버그가 포함된 커밋을 되돌려 버그가 없는 코드로 된 새로운 버전을 재전개하는 것이다.

불안정하고 신뢰할 수 없는 개발에 드는 실제 비용

마이크로서비스 생태계는 황량한 볼모지가 아니다. 모든 서비스 가동 중단 및 사고와 버그 때문에 개발 시간과 수익 손실 측면에서 회사는 많은 비용을 치러야 할 것이다. 생산 전에 모든 버그를 발견하려면 개발 사이클 및 전개 파이프라인 내내 안전 조치가 준비돼 있어야 한다.

---

2   긴급 상황 발생 시 대비책으로 마련해둔 장치나 서비스 - 옮긴이

안정적이고 신뢰할 수 있는 전개 사이클은 그림 3–1과 같이 몇 가지 단계가 있다.

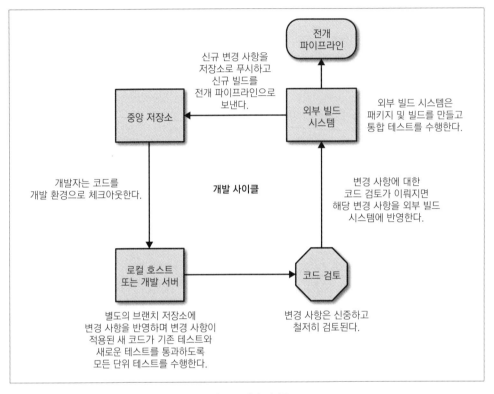

그림 3-1 개발 사이클

첫 번째, 개발자가 코드를 변경한다. 보통은 깃이나 svn을 사용해 중앙 저장소에서 코드 사본을 체크아웃하고 변경을 수행할 개별 브랜치 저장소를 만든다. 그런 다음 해당 브랜치 저장소에 변경 사항을 적용하고 단위 테스트와 통합 테스트를 수행하는 것으로 시작한다. 이 개발 단계는 개발자 랩톱이나 개발 환경 서버에서 로컬로 수행할 수 있다. 현실을 정확히 반영해 신뢰할 수 있는 환경을 개발하는 것이 중요하다. 특히 변경 사항과 관련된 서비스를 시험할 때 다른 마이크로서비스로의 요청이 필요하거나 데이터베이스에서 데이터 읽기/쓰기가 필요한 경우에 더욱 중요하다.

코드가 중앙 저장소에 커밋되면 두 번째 단계는 다른 개발자가 변경 사항을 신중하고 철저하게 검토하는 것이다. 모든 검토자가 변경 사항을 승인하고 정적 분석과 신규 빌드에 대해 단위 및 통합 테스트를 통과하면 해당 변경 사항은 저장소에 반영된다.[3] 그런 다음 신규 변경 사항을 전개 파이프라인에 적용할 수 있다.

코드 검토 전 테스트
생산에 앞서 모든 버그를 발견하는 한 가지 방법은 코드 검토 단계 전에 정적 분석, 단위 및 통합 테스트, 종단간 테스트를 수행하는 것이다. 개발자가 별도의 브랜치 저장소에서 작업하고 코드 검토를 위해 코드를 제출하는 즉시 테스트 수행을 시작해 모든 테스트를 성공적으로 통과한 후에 코드 검토가 이뤄질 수 있도록 한다.

1장, '마이크로서비스'에서 언급했듯이 개발 사이클과 전개 파이프라인 사이에는 많은 일이 발생한다. 전개 파이프라인 단계에 앞서 새로운 릴리스를 패키지로 만들고 빌드해서 테스트를 철저히 수행해야 한다.

전개 파이프라인

마이크로서비스 생태계에서는 전개 활동과 관련해 사람이 실수할 여지가 많다. 앞서 언급했듯이 큰 규모의 생산 시스템에서 대부분의 서비스 가동 중단 문제는 부적절한 전개로 인해 발생한다. 마이크로서비스 아키텍처 도입으로 전개 절차에 수반되는 조직적인 스프롤 현상을 고려해보라. 적어도 수십, 수백 또는 수천 개의 독립적으로 격리된 팀이 클라이언트 및 변경 사항에 종속성이 있는 팀 간의 조정 없이 각 팀별 일정대로 각각의 마이크로서비스에 변경 사항을 전개한다고 가정해보자. 문제 또는 버그가 발생하거나 전개 과정 중에 서비스가 가동 중단되는 경우 마이크로서비스 생태계 전체에 악영향을 끼칠 수 있다. 문제가 덜 발생하도록 하고 신규 변경 사항을 프로덕션 서버에 적용하기 전 모든 장애를 발견할 수 있도록

---

3 5장, '내결함성과 재난 대비'에서 정적 분석, 단위 및 통합 테스트에 대한 내용을 좀 더 자세히 다룬다.

기술 조직에 표준화된 전개 파이프라인을 도입하면 생태계 전반에 안정성과 신뢰성을 보장하는 데 도움이 된다.

가장 신뢰할 수 있는 전개 작업은 프로덕션 서버로 보내기 전에 모든 테스트를 통과하는 것이기 때문에 여기서는 전개 절차를 파이프라인이라 언급한다. 그림 3-2와 같이 전개 파이프라인에는 세 가지 단계를 적용할 수 있다. 첫째, 스테이징 환경에서 새로운 릴리즈를 시험한다. 둘째, 스테이징 단계를 통과하면 프로덕션 트래픽의 5~10%에 해당하는 작은 규모의 카나리아 환경으로 전개한다. 셋째, 카나리아 단계를 통과하면 모든 프로덕션 서버에 전개할 때까지 천천히 적용한다.

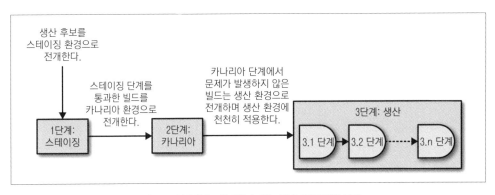

그림 3-2 안정적이고 신뢰할 수 있는 전개 파이프라인 단계

스테이징

신규 릴리즈가 나오면 스테이징 환경에 먼저 전개할 수 있다. 스테이징 환경은 생산 환경의 정확한 복사본이어야 한다. 실세계 상태를 반영하긴 하지만 실제 트래픽은 실세계와 동일하지 하지 않다. 일반적으로 스테이징 환경은 생산 환경과 동일한 규모로 운영하지 않는다. 즉, 생산 환경과 동일한 수의 호스트상에서 운영하지 않는다. 왜냐하면 두 개의 별개 생태계를 구축하는 것은 회사가 부담하는 하드웨어 비용이 크기 때문이다. 하지만 일부 기술 조직은 안정적이고 신뢰할 수 있는 방식으로 생산 환경을 완벽하게 반영한 스테이징 환경을 구축

할 수도 있다.

일반적으로 대부분의 기술 조직에서는 스테이징 환경의 하드웨어 용량 및 규모를 생산 비율로 결정하는 것이 정확한 편이다. 스테이징 단계에서 마이크로서비스 시험에 사용할 수단으로 필요한 스테이징 용량을 결정할 수 있다. 스테이징 환경에서 시험하는 데는 마이크로서비스에 모의 트래픽을 흘리거나, 수동으로 엔드포인트를 시험해 응답을 평가하거나, 자동화된 단위 및 통합 테스트와 특정 목적의 테스트를 수행하는 방법이 있다. 이러한 방법을 조합하면 각각의 신규 릴리즈를 시험할 수 있다.

동일 서비스에 대해 스테이징 단계와 생산 단계를 별개의 전개 작업으로 처리하기
스테이징 단계와 생산 단계를 별개의 서비스로 진행하고 별개의 저장소에 서비스를 저장하길 원할 수도 있다. 이는 운 좋게 작업을 마무리할 수 있지만 종종 잊어버리는 환경 설정 변경 사항을 포함한 모든 변경 사항을 서비스와 저장소에서 동기화해야 한다. 동일한 마이크로서비스에 대해 스테이징 단계와 생산 단계를 별개의 전개 단계로 취급하는 것이 훨씬 무난하다.

스테이징 환경이 테스트 환경이더라도 스테이징 환경으로 전개된 릴리즈가 생산 후보라는 점에서 스테이징은 개발 단계 및 개발 환경과 다르다. 생산 후보를 스테이징 환경으로 전개하기 전에 코드의 정적 분석, 단위 테스트, 통합 테스트, 코드 리뷰를 통과해야 한다.

스테이징 환경으로 전개하는 것은 생산 환경으로 전개하는 것과 마찬가지로 주의를 기울여 취급해야 한다. 릴리즈를 성공적으로 스테이징 환경으로 전개하면 프로덕션 트래픽을 제공하는 카나리아 환경에 자동으로 전개할 수 있다.

마이크로서비스 생태계에서는 종속성으로 인한 복잡성 때문에 스테이징 환경 구성이 어려울 수 있다. 임의의 한 마이크로서비스가 여러 개의 다른 마이크로서비스에 의존하는 경우 관련 데이터베이스의 읽기/쓰기 및 요청에 대한 정확한 응답은 의존하고 있는 마이크로서비스에 달려 있다. 이러한 복잡성의 결과로 스테이징 환경의 성공 여부는 회사 전체에서 스테이징의 표준화 방식에 달려 있다.

풀 스테이징

전개 파이프라인의 스테이징 단계를 구성하는 몇 가지 방법이 있다. 첫 번째 방법은 그림 3-3과 같이 풀 스테이징Full Staging으로 구성하는 것이다. 별개의 스테이징 생태계가 생산 생태계 전체의 완전한 복사본으로 실행된다. 이때 반드시 동일한 수의 호스트를 필요로 하지 않는다. 풀 스테이징은 생산 환경의 핵심 인프라와 동일한 환경에서 실행하지만 몇 가지 주요 차이점이 있다. 풀 스테이징 환경에서는 스테이징 전용의 프론트엔드와 백엔드 포트를 통해 최소한 다른 서비스로 접근할 수 있다. 여기서 중요한 점은 풀 스테이징 생태계에서는 스테이징 환경에 있는 서비스 간에만 통신이 가능하며 생산 환경에서 실행한 서비스와는 요청이나 응답을 전혀 주고받지 않는다는 것이다. 이는 스테이징 환경에서 프로덕션 포트로 트래픽 전송이 불가능하다는 것을 의미한다.

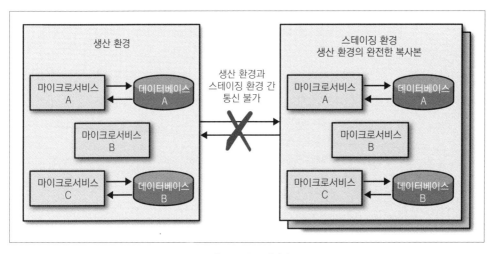

그림 3-3 풀 스테이징

풀 스테이징은 신규 릴리즈를 전개할 때 마이크로서비스 간에 통신할 수 있는 완전한 기능의 스테이징 환경이 있어야 한다. 스테이징 생태계 내에서 마이크로서비스 간에 통신을 하려면 신규 빌드를 스테이징 환경으로 전개할 때 시험하는 특정 테스트를 작성하거나 업스트림 종속성과 다운스트림 종속성[4]이 있는 마이크로서비스를 모두 포함해 전개된 서비스에 대해 이전에 기록해둔 프로덕션 트래픽이나 임의의 모의 트래픽을 시험해야 한다.

풀 스테이징은 테스트 데이터를 신중하게 다뤄야 한다. 스테이징 환경은 생산 환경의 데이터베이스에 대한 쓰기를 금지해야 한다. 생산 환경의 데이터베이스에 대한 읽기를 허용하는 것도 권장하지 않는다. 풀 스테이징은 생산 환경의 완전한 복사본으로 설계되기 때문에 모든 마이크로서비스의 스테이징 환경에는 별도로 읽고 쓸 수 있는 테스트 데이터베이스가 있어야 한다.

풀 스테이징의 위험

풀 스테이징 환경에서 구현하고 전개할 때는 보통 서비스의 신규 릴리즈가 종속성을 가진 다른 신규 릴리즈와 통신하기 때문에 주의를 기울일 필요가 있다. 기술 조직은 서비스를 전개할 때 관련된 다른 서비스에 대한 스테이징 환경을 깨뜨리지 않도록 스테이징 환경으로의 전개 작업을 조정하거나 전개 일정을 수립해야 한다.

파셜 스테이징

스테이징 환경의 두 번째 형태는 파셜 스테이징Partial Staging이다. 이름에서 알 수 있듯이 생산 환경의 완전한 복사본이 아니다. 마이크로서비스마다 스테이징 환경을 가진다. 스테이징 환경에는 스테이징 전용의 프론트엔드와 백엔드 포트가 있는 서버 풀이 있으며 신규 빌드를 스테이징 단계로 도입하면 생산 환경에서 실행한 클라이언트 및 종속성이 있는 시비스와 통신한다(그림 3-4 참조).

---

4   마이크로서비스 A가 마이크로서비스 B의 작업 결과에 의존하는 경우(마이크로서비스 A → 마이크로서비스 B), 마이크로서비스 A는 다운스트림 서비스, 마이크로서비스 B는 업스트림 서비스가 된다. 이 경우 마이크로서비스 B의 다운스트림 종속성에는 마이크로서비스 A, 마이크로서비스 A의 업스트림 종속성에는 마이크로서비스 B가 있다. - 옮긴이

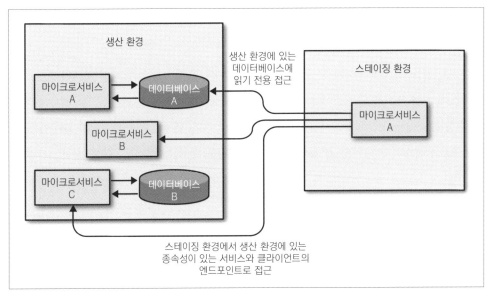

그림 3-4 파셜 스테이징

파셜 스테이징 환경에서의 전개는 가능한 한 실세계의 상태를 정확하게 모방하기 위해 생산 환경에 있는 모든 엔드포인트에 접근할 수 있어야 한다. 이를 수행하기 위해서는 스테이징 전용 테스트를 작성할 필요가 있으며 새로운 기능을 추가할 때마다 철저히 검증할 수 있도록 적어도 하나 이상의 스테이징 테스트를 수행해야 한다.

파셜 스테이징의 위험

파셜 스테이징 환경의 마이크로서비스는 생산 환경의 마이크로서비스와 통신하기 때문에 극도의 주의가 필요하다. 파셜 스테이징은 읽기 전용 요청만 가능하지만 스테이징 환경으로의 부적절한 전개로 인해 잘못된 요청이나 너무 많은 요청은 프로덕션 서비스에 과부하를 야기해 프로덕션 서비스가 쉽게 중지될 수 있다.

파셜 스테이징 환경도 데이터베이스에 대한 접근을 읽기 전용으로 제한해야 한다. 스테이징 환경에서는 생산 환경의 데이터베이스에 절대로 쓰면 안 된다. 그러나 일부 마이크로서비스는 쓰기 작업이 많을 수 있으며 이때는 신규 빌드의 쓰기 기능을 반드시 시험해야 한다. 이러한 작업의 가장 일반적인 방법은 테스트 테넌시^{test tenancy}이며 스테이징 환경에서 쓴 데이터에 테스트 데이터로 표시해두는 것이다. 그러나 스테이징 환경에 쓰기 접근 권한을 주면 실세계 데이터를 변경할 위험이 여전히 존재하기 때문에 가장 안전한 방법으로 개별적인 테스트 데이터베이스에 쓰도록 하는 것이다. 풀 스테이징 환경과 파셜 스테이징 환경의 비교는 표 3-1을 참조하기 바란다.

표 3-1 풀 스테이징 환경과 파셜 스테이징 환경의 비교

	풀 스테이징	파셜 스테이징
생산 환경의 완전한 복사	예	아니요
별도의 스테이징 환경의 프론트엔드와 백엔드 포트	예	예
프로덕션 서비스로의 접근	아니요	예
생산 환경의 데이터베이스에 대한 읽기 접근	아니요	예
생산 환경의 데이터베이스에 대한 쓰기 접근	아니요	예
자동화된 롤백 필요	아니요	예

풀 스테이징 및 파셜 스테이징 환경은 생산 환경과 마찬가지로 대시보드, 모니터링, 로깅을 필요로 한다. 이는 마이크로서비스의 생산 환경의 대시보드, 모니터링, 로깅과 같아야 한다. 모든 주요 지표에 대한 그래프는 생산 환경의 모든 지표와 동일한 대시보드에 유지할 수 있다. 팀은 스테이징 대시보드, 카나리아 대시보드, 생산 대시보드와 같이 전개 절차의 각 단계별로 대시보드를 선택할 수도 있다. 대시보드 구성 방식에 따라 모든 전개에 대한 그래프를 하나의 대시보드에 유지하고 전개별 또는 지표별로 구성하는 것이 좋다. 팀이 대시보드를 설정하는 방법과 관계없이 훌륭하고 유용하며 생산 준비된 대시보드를 만드는 목적을 잊어서는 안 된다. 생산 준비된 마이크로서비스의 대시보드는 외부인이 서비스의 상태를 빠르게 판단하기 쉽도록 해야 한다.

스테이징 환경 전개와 생산 환경 전개에서의 모니터링 및 로깅은 서로 동일해야 한다. 따라서 스테이징 환경으로 전개된 신규 릴리즈에서 도출된 테스트의 장애와 오류는 전개 파이프라인의 다음 단계로 넘어가기 전에 발견될 것이다. 전개 형태에 따라 구분할 수 있도록 경고 알림과 로그를 설정하면 많은 도움이 된다. 장애나 오류로 인해 촉발된 경고 알림은 문제가

발생한 환경을 특정할 수 있으며 버그 및 장애를 디버깅, 완화, 해결하기 쉽게 만든다.

스테이징 환경의 목적은 프로덕션 트래픽에 영향을 미치기 전에 코드 변경으로 인해 발생한 버그를 발견하는 것이다. 스테이징 환경을 올바르게 구축했다면 코드에 버그가 있는 경우 보통 스테이징 환경에서 발견된다. 부적절한 전개의 자동화된 롤백은 풀 스테이징 환경에서 필수가 아니지만 파셜 스테이징 환경에는 필수다. 이전 빌드로 되돌릴 때 마이크로서비스의 주요 지표에 대한 다양한 임곗값에 의해 빌드 설정을 결정해야 한다.

파셜 스테이징은 생산 환경에서 실행 중인 마이크로서비스와 상호 작용하기 때문에 파셜 스테이징 환경에 전개된 신규 릴리즈에 생긴 버그로 인해 생산 환경에서 실행 중인 다른 마이크로서비스가 중단될 수 있다. 자동화된 롤백을 마련하지 않으면 문제를 수작업으로 완화하고 해결해야 한다. 전개 절차의 모든 단계에 걸쳐 마이크로서비스 및 마이크로서비스 생태계 전체로부터 초래된 장애 지점에서 수작업이 필요하다.

스테이징 환경을 설정할 때 마이크로서비스 팀이 답해야 하는 마지막 질문은 신규 릴리즈를 카나리아 환경으로 전개하기 전 스테이징 환경에서의 실행 기간이다. 이 질문에 대한 답은 스테이징 환경에서 실행하는 스테이징 전용 테스트로 결정한다. 즉, 신규 빌드에 대해 모든 테스트를 실패 없이 통과하면 즉시 전개 절차의 다음 단계로 넘어갈 준비를 갖춘 것이다.

카나리아

신규 릴리즈를 스테이징 환경에 성공적으로 전개하고 필수 테스트를 모두 통과하면 전개 파이프라인의 다음 단계인 카나리아 환경에 빌드를 전개할 수 있다. 이 환경의 고유한 이름은 석탄 광부들이 사용하던 전략에서 비롯됐다. 석탄 광부들은 공기 중 일산화탄소 농도를 감시하기 위해 탄광에 카나리아라는 새를 가져왔다. 카나리아가 죽으면 공기 중에 유독 가스의 농도가 높다는 것을 알고 광산을 떠났다. 신규 빌드를 카나리아 환경으로 보내 동일한 의도로 사용할 수 있다. 프로덕션 트래픽을 처리하는 작은 규모의 서버 풀(프로덕션 서버의 약 5~10%)에 전개하고 잘 견뎌내면 나머지 프로덕션 서버에 전개한다.

카나리아 트래픽 분배

프로덕션 서비스가 여러 데이터센터, 지역, 클라우드 공급자에 전개된 경우 카나리아 서버 풀은 프로덕션 서버의 표본을 정확히 반영하기 위해 각각의 서버를 모두 포함해야 한다.

카나리아 환경은 프로덕션 트래픽을 처리하기 때문에 생산의 일부로 간주해야 한다. 카나리아 환경에서도 동일하게 백엔드 및 프론트엔드 포트가 있어야 하며 프로덕션 트래픽을 정확히 샘플링하기 위해 프로덕션 서버 풀에서 카나리아 호스트를 무작위로 선택해야 한다. 카나리아 환경에서는 프로덕션 서비스에 대한 모든 접근 권한을 가질 수 있다. 왜냐하면 생산 환경의 업스트림 종속성 및 다운스트림 종속성에 있는 모든 엔드포인트에 접근해야 하며 해당하는 경우 모든 데이터베이스에 대한 읽기 및 쓰기 접근 권한을 가져야 한다.

대시보드, 모니터링, 로깅은 스테이징 환경과 마찬가지로 카나리아 환경에서도 동일해야 한다. 경고 알림 및 로그가 카나리아 환경으로의 전개에서 나온 것임을 알 수 있으면 개발자는 문제를 완화, 디버깅, 해결하기 쉽다.

카나리아 환경 및 생산 환경에 대한 별도의 포트

카나리아 환경 및 생산 환경에 대해 각각 프론트엔드와 백엔드 포트를 할당해 의도적으로 트래픽을 분리하는 것이 좋아 보일 수 있다. 하지만 불행하게도 트래픽을 이 방식으로 분리하면 프로덕션 트래픽을 무작위로 샘플링해 작은 규모의 서버 풀에서 신규 릴리즈를 시험하고자 하는 카나리아 단계의 의도가 무색해진다.

자동 롤백은 카나리아 환경에서 절대적으로 필요하다. 알려진 오류가 발생하면 전개 시스템을 최신 안정 버전으로 자동으로 되돌릴 수 있어야 한다. 카나리아 환경에서는 프로덕션 트래픽을 처리하며 문제가 발생하면 실세계에 영향을 미친다는 점을 기억해야 한다.

신규 릴리즈를 얼마나 오랫동안 카나리아 풀에서 시험해야 생산 준비 기준을 만족할 수 있을까? 몇 분, 몇 시간 또는 며칠이 될 수 있으며 마이크로서비스의 트래픽 패턴에 따라 결정된다. 마이크로서비스나 사업이 어떻든 트래픽 패턴은 마이크로서비스마다 다양할 것이다. 카나리아 단계에서 신규 릴리즈를 전개한 후 트래픽 사이클을 모두 순환할 때까지 카나리아 단계에 있어야 한다. '트래픽 사이클'을 정의하는 방법은 기술 조직 전반에서 표준화해야 하며 트래픽 사이클의 기간과 요구 사항은 서비스별로 만들 필요가 있다.

생산

생산은 현실 세계다. 빌드가 성공적으로 개발 사이클을 거치고 스테이징 단계와 카나리아 단계를 통과하면 생산 환경으로 전개해 출시할 준비가 된 것이다. 소프트웨어 전개 파이프라인의 맨 마지막 단계인 시점에서 개발 팀은 새로운 빌드에 대해 전적으로 자신 있어야 한다. 여기까지 오기 전에 코드에 있는 모든 오류를 발견해 완화하고 해결했어야 한다.

생산 환경을 위해 생성된 빌드는 완전히 안정적이고 신뢰할 수 있어야 한다. 생산 환경에 전개한 빌드는 이미 철저히 시험한 상태여야 하며 빌드가 스테이징 단계와 카나리아 단계를 아무런 문제 없이 통과하면 비로소 생산 환경에 전개할 수 있다. 생산 환경에 전개하는 작업은 빌드가 카나리아를 통과한 후에 단번에 수행될 수도 있고 점진적으로 수행될 수도 있다. 점진적으로 전개할 때 하드웨어 비율, 데이터센터, 지역, 국가별로 선택하거나 이들을 복합적으로 선택한 생산 환경에 출시할 수 있다. 예를 들어 하드웨어 비율에 따라 생산 환경에 전개한다면 모든 서버의 25%에만 처음에 전개하고 그다음 50%, 75%, 마지막으로 100%와 같은 식으로 전개할 수 있다.

안정적이고 신뢰할 수 있는 전개의 실행

새로운 생산 후보가 개발 절차를 거치고 스테이징 환경에서 살아남아 카나리아 단계에 성공적으로 전개되면 심각한 서비스 가동 중단 문제를 초래할 가능성이 매우 낮아진다. 왜냐하면 대부분의 코드 버그는 생산 후보를 생산 환경에 출시하기 전에 발견되기 때문이다. 따라서 안정적이고 신뢰할 수 있는 마이크로서비스를 구축하려면 포괄적인 소프트웨어 전개 파이프라인을 반드시 갖춰야 한다.

일부 개발자는 전개 파이프라인 도입 때문에 초래된 지연으로 인해 전개 파이프라인을 불필요한 짐처럼 느낄 수 있다. 왜냐하면 코드 변경 및 신규 기능을 작성한 직후 생산 환경으로 곧바로 전개하는 것을 지연시키기 때문이다. 실제로 전개 파이프라인 단계에서의 지체 시간을 매우 짧게 지정할 수 있지만 안정성을 보장하려면 표준화된 소프트웨어 전개 절차를 고수해야 한다. 하루에 여러 번 마이크로서비스를 전개하면 복잡한 사슬과 같이 얽힌 종속성이 있는 마이크로서비스 및 기타 서비스의 안정성과 신뢰성이 저하될 수 있다. 몇 시간마다 변하는 마이크로서비스는 안정적이거나 신뢰하기 힘들다.

개발자는 전개 절차의 스테이징 단계와 카나리아 단계를 건너뛰고 생산 환경에서 심각한 버그를 발견해 생산 환경으로 바로 전개하고 싶어할 수도 있다. 이를 통해 문제를 신속하게 해결할 수 있을 뿐 아니라 회사의 수익 손실을 막을 수 있으며 종속성이 있는 서비스에 장애가 발생하는 것을 방지할 수 있다. 하지만 가장 심각한 서비스 가동 중단에 대해서만 개발자가 생산 환경으로 바로 전개하도록 허가해야 한다. 이렇게 제한하지 않으면 절차를 악용하고 생산 환경에 곧바로 전개할 가능성이 있다. 대부분의 개발자는 모든 코드 변경 사항과 전개가 중요하다고 생각하고 마이크로서비스 생태계 전체의 안정성과 신뢰성을 손상시키면서도 스테이징 단계와 카나리아 단계를 충분히 우회할 만하다고 생각할 수 있다. 오류가 발생하면 개발 팀은 항상 마이크로서비스의 최신 안정 빌드로 롤백하도록 권장돼야 한다. 그러면 마이크로서비스를 이미 알고 있던 신뢰할 수 있는 상태로 되돌려 생산 환경에서 문제 없이 실행할 수 있고 그동안에 개발 팀이 장애의 근본 원인을 찾도록 한다.

핫픽스는 안티패턴(Anti-pattern)
전개 파이프라인이 준비되면 비상 사태가 발생하지 않는 한 절대로 생산 환경에 직접 전개하지 않아야 한다. 이는 정말 못하게 막아야 한다. 전개 파이프라인의 첫 단계를 생략하면 긴급한 코드 수정 사항을 제대로 시험하지 않을 위험이 있기 때문에 생산 환경에 새로운 버그가 발생할 수 있다. 생산 환경에 직접 핫픽스(Hotfix)를 전개하는 대신, 가능한 한 최신 안정 빌드로 롤백해야 한다.

안정적이고 신뢰할 수 있는 전개는 전개 파이프라인을 따르는 것에만 국한하지 않는다. 특정 마이크로서비스를 전개하지 않도록 해서 생태계 전체에서 가용성을 높일 수 있는 몇 가지 사례가 있다.

서비스가 서비스 수준 협약(2장, '생산 준비 기준 갖추기' 참조)을 충족하지 못하고 서비스에 허용된 가동 중지 시간을 초과하면 모든 전개 활동을 연기할 수 있다. 예를 들어 서비스가 99.99%의 가용성(매달 가동 중지 시간 4.38분 허용)을 약속한 서비스 수준 협약의 의무가 있지만 한 달에 12분 동안 중지된 경우 서비스 수준 협약을 지키기 위해 마이크로서비스의 신규 전개를 향후 세 달 동안 금지할 수 있다. 서비스가 부하 테스트(5장, '내결함성과 재난 대비' 참조)에 실패하면 필수적인 부하 테스트를 통과할 수 있을 때까지 생산 환경으로의 전개를 금지할 수 있다. 사업의 핵심 서비스에 장애가 발생하면 회사가 제대로 기능하지 못하기 때문에 기술 조직이 수립한 생산 준비 기준을 충족하지 못하는 경우 가끔은 전개를 차단할 수 있다.

종속성

때로는 마이크로서비스가 대규모 시스템의 완전히 독립적이고 교체 가능한 구성 요소로써 독립적으로 구축 및 운영할 수 있다는 생각으로 마이크로서비스 아키텍처의 도입을 추진한다. 이는 원칙적으로 사실이지만 현실 세계의 모든 마이크로서비스는 업스트림 종속성과 다운스트림 종속성이 있다. 마이크로서비스는 클라이언트나 다운스트림 종속성의 다른 마이크로서비스로부터 요청받는다. 마이크로서비스는 기대한 대로 수행할 것이고 서비스 수준 협약을 보장한다는 믿음이 있다.

생산 준비된 마이크로서비스를 구축하고 운영하려면 개발자가 종속성이 있는 다른 마이크로서비스의 장애에 대비해 계획하고 문제를 완화하고 방지해야 한다. 서비스의 종속성을 이해하고 장애에 대비해 계획하는 것은 안정적이고 신뢰할 수 있는 마이크로서비스를 구축하는 가장 중요한 측면 중 하나다.

이것이 얼마나 중요한지 이해하기 위해 한 가지 예를 생각해보자. 포-나인스 가용성의 서비스 수준 협약(업스트림 클라이언트에 99.99%의 가용성 보장)을 보장하는 receipt-sender가 있다. receipt-sender는 customers(모든 고객 정보를 처리하는 마이크로서비스)와 orders(고객의 주문 정보를 처리하는 마이크로서비스)를 포함해 여러 다른 마이크로서비스에 의존한다. customers 와 orders 모두 다른 마이크로서비스에 의존한다. customers는 customers 종속성이라는 또 다른 마이크로서비스에 의존하며 orders는 orders 종속성이라는 또 다른 마이크로서비스에 의존한다. customers 종속성에 해당하는 마이크로서비스와 orders 종속성에 해당하는 마이크로서비스는 자체적으로도 각각 종속성을 가질 확률이 높으므로 receipt-sender의 종속성 그래프가 매우 복잡해진다.

receipt-sender는 서비스 수준 협약을 보장하고 모든 클라이언트에게 99.99%의 가동 시간을 제공해야 하기 때문에 개발 팀은 다운스트림 종속성에 대해 서비스 수준 협약을 엄격히 준수하도록 해야 한다. receipt-sender의 서비스 수준 협약은 99.99%의 가용성을 제공해야 하는 customers에 달려 있다. 하지만 customers의 실제 가동 시간이 89.99%라면 receipt-sender의 가용성이 손상돼 89.98%에 불과하게 된다. 종속성 사슬에서 어느 하나라도 해당 서비스 수준 협약을 충족시키지 못하면 receipt-sender 종속성이 있는 모든 마이크로서비스는 가용성에 동일한 손실을 입는다.

안정적이고 신뢰할 수 있는 마이크로서비스는 종속성이 있는 다른 마이크로서비스가 서비스 수준 협약을 충족시키지 못하는 문제를 완화해야 한다. 만약에 대비해 종속성이 있는 각 마이크로서비스에 대해 백업, 폴백, 캐싱, 대안을 갖고 있으면 이런 문제를 해결할 수 있다.

이러한 종속성 장애에 대비해 계획하고 문제를 완화하기 전에 마이크로서비스에 의존하는 종속성 관계를 모두 파악한 후 문서화해야 한다. 마이크로서비스의 서비스 수준 협약에 해를 끼칠 수 있는 종속성이 있다면 마이크로서비스의 아키텍처 다이어그램과 문서(7장, '문서화와 이해' 참조)와 서비스의 대시보드(6장, '모니터링' 참조)에 포함해야 한다. 또한 각 서비스에 대한 종속성 그래프를 자동으로 생성해 모든 종속성을 파악해야 한다. 이는 조직의 모든 마이크로서비스에 분산 추적 시스템을 구현해 수행할 수 있다.

모든 종속성을 파악하고 찾아내면 다음 단계는 종속성이 있는 모든 마이크로서비스에 대해 백업, 대안, 폴백, 캐싱을 마련하는 것이다. 이를 수행하는 올바른 방법은 전적으로 서비스의 필요에 달려 있다. 예를 들어 다른 서비스의 엔드포인트를 호출해 기능을 수행하는 경우 이 기능의 주된 장애에 대해 종속성이 있는 마이크로서비스가 처리해야 하므로 해당 요청을 대안 서비스로 전송한다. 업스트림 서비스가 가용할 수 없는 상태인 경우 해당 서비스에 보내야 하는 요청을 보관할 수 있도록 대기열을 구현해야 한다. 종속성 장애를 처리하는 또 다른 방법은 다른 서비스에 종속적인 데이터의 캐싱을 서비스 내에 적절하게 구현하는 것이다. 이는 장애를 정상적으로 처리할 수 있도록 관련 데이터를 저장하는 것을 말한다.

이 경우에 가장 자주 사용하는 캐시 유형은 LRU$^{\text{Least Recently Used}}$ 캐시로 관련 데이터를 대기열에 보관하고 캐시 대기열이 가득 차면 가장 오랫동안 사용하지 않은 데이터부터 삭제한다. LRU 캐시는 구현하기가 쉽다. 또한 네트워크 호출이 필요 없고 데이터를 즉시 사용할 수 있으며 종속성 장애를 완화하는 데 적절한 작업을 수행한다. 이는 방어 캐싱으로 알려져 있으며 종속성 장애로부터 마이크로서비스를 보호하는 데 유용하다. 종속 관계에 있는 다른 마이크로서비스로부터 얻은 정보를 캐시해두면 해당 마이크로서비스가 중단되더라도 가용성에 영향을 미치지 않는다. 모든 종속 관계에 있는 마이크로서비스마다 방어 캐시를 구현할 필요는 없지만 특정 마이크로서비스를 신뢰할 수 없는 경우 방어 캐시를 사용하면 피해를 막을 수 있다.

서비스 라우팅과 서비스 디스커버리

안정적이고 신뢰할 수 있는 마이크로서비스를 구축하는 또 다른 측면은 마이크로서비스 간의 통신 및 상호 작용에 대해 안정적이고 신뢰할 수 있음을 보장하는 것이다. 즉, 마이크로서비스 생태계의 통신 계층(1장, '마이크로서비스' 참조)은 해로운 트래픽 패턴으로부터 보호하고 생태계 전반에 걸쳐 신뢰를 유지하기 위해 구축돼야 한다. 통신 계층에서 안정성 및 신뢰성에 관련된 부분(네트워크 자체는 제외)은 서비스 검색, 서비스 레지스트리, 로드 밸런싱이다.

호스트 수준과 서비스 수준 모두에서 마이크로서비스의 상태는 항상 파악돼야 한다. 즉, 비정상 호스트나 서비스로 요청을 보내지 않도록 항상 정상 상태 여부를 확인해야 한다. 막힌 네트워크처럼 상태 확인이 불가능하지 않도록 별도의 채널(일반 마이크로서비스 통신을 사용하지 않는 것)을 통해 정상 상태 여부를 확인하는 것이 가장 쉬운 방법이다. 정상 상태 여부 확인을 위해 /health 엔드포인트에서 "200 OK"를 응답하도록 하드코딩하는 것은 모든 마이크로서비스에 이상적이지는 않지만 대부분의 마이크로서비스에서는 만족할 만하다. 하드코딩된 응답은 마이크로서비스가 호스트에서 성공적으로 시작됐다는 것 외에는 많은 것을 알려주지 않는다. 설사 그렇다 하더라도 마이크로서비스의 /health 엔드포인트는 유용한 응답을 정확하게 제공해야 한다.

호스트의 서비스 인스턴스가 비정상적인 경우 로드 밸런서는 트래픽을 더 이상 보내지 않아야 한다. 마이크로서비스의 상태가 전체적으로 정상이 아닌 경우(생산 환경에 있는 호스트의 일정 비율로 상태 확인이 실패한 경우) 상태 확인 실패의 문제를 해결할 때까지 특정 마이크로서비스로 트래픽을 더 이상 보내지 않아야 한다.

그러나 정상 상태를 확인하는 것으로만 서비스의 정상 상태 여부를 판단해서는 안 된다. 처리되지 않은 예외가 많으면 서비스를 비정상인 것으로 표시하고 이러한 장애에 대해 트래픽 차단이 이뤄질 수 있도록 함으로써 서비스가 비정상적인 오류가 많이 발생하면 문제를 해결할 때까지 해당 서비스에 더 이상 요청을 보내지 않아야 한다. 안정적이고 신뢰할 수 있는 서비스 라우팅 및 서비스 디스커버리의 핵심은 비정상적인 행위자가 프로덕션 트래픽을 처리하거나 다른 마이크로서비스의 요청을 수락하지 못하게 함으로써 마이크로서비스 생태계를 보호하는 것이다.

미사용 권고와 폐기

마이크로서비스 생태계에서의 불안정성 및 비신뢰성을 야기하는 원인 중 흔히 잊혀지고 무시하는 것은 마이크로서비스 또는 API 엔드포인트를 미사용하도록 권고하거나 폐기하는 것이다. 더 이상 사용하지 않거나 개발 팀이 더 이상 지원하지 않는 마이크로서비스의 폐기는 클라이언트에 문제가 발생하지 않도록 주의 깊게 진행돼야 한다. 일반적으로 여러 개의 마이크로서비스의 API 엔드포인트에 대해 미사용 권고가 이뤄진다. 신규 기능을 추가하거나 오래된 기능을 제거하면 엔드포인트는 자주 변경된다. 이 경우 클라이언트 팀에 해당 정보를 알려줘야 하며 이전 엔드포인트를 완전히 제거하거나 신규 엔드포인트로 전환해 요청을 처리해야 한다.

대부분의 마이크로서비스 생태계에서 미사용 권고 및 폐기는 기술적인 문제보다 기술 조직 내에서의 사회학적인 문제가 더 크기 때문에 해결하기가 더 어렵다. 마이크로서비스를 폐기할 예정이라면 개발 팀은 모든 클라이언트 서비스에 주의를 줘야 하며 종속성이 있는 서비스가 대처할 수 있는 방법에 대해 조언해야 한다. 신규 마이크로서비스가 폐기된 마이크로서비스를 대체하거나 폐기된 마이크로서비스의 기능을 기존의 다른 마이크로서비스에 넣는 경우 개발 팀은 해당 마이크로서비스에 종속성이 있는 팀이 자신의 마이크로서비스를 갱신해 신규 엔드포인트에 요청을 보내는 데 도움을 줘야 한다. 엔드포인트의 미사용 권고는 폐기 절차와 비슷한 절차를 따른다. 클라이언트에게 신규 엔드포인트를 제공하거나 미사용 권고된 엔드포인트의 어려운 점에 대해 전부 설명해야 한다. 미사용 권고 및 폐기 시 모니터링은 중요한 역할을 한다. 서비스 또는 엔드포인트를 완전히 폐기하거나 미사용 권고를 하기 전에 기한이 지난 서비스 또는 엔드포인트로 계속 보낼 수도 있는 요청을 확인하기 위해 엔드포인트를 면밀하게 감시해야 한다.

반면, 엔드포인트의 미사용 권고가 적절하게 이뤄지지 않거나 마이크로서비스를 폐기하지 못하면 마이크로서비스 생태계에 나쁜 영향을 미칠 수 있다. 이는 개발자가 알고 있는 것보다 자주 발생한다. 수백 또는 수천 개의 마이크로서비스가 포함된 생태계에서 종종 팀 개발자는 이동하고 우선순위를 변경하며 마이크로서비스와 기술은 항상 새롭고 더 나은 기술로 교체된다. 오래된 마이크로서비스나 기술을 아무런 관여, 감독, 감시 없이 운영하도록 내버려두면 모든 장애는 눈에 띄지 않게 되며 발견된 모든 장애를 오랫동안 해결하지 않을 수 있다. 마이크로서비스를 그대로 내버려둔다면 서비스 가동 중단 시 고객을 위험에 빠뜨릴 위험이 있다. 그러한 마이크로서비스는 방치보다 폐기돼야 한다.

종속성이 있는 마이크로서비스 중 하나라도 완전히 손실되면 마이크로서비스에 큰 지장을 준다. 개발 팀이 장애에 대비하고 있더라도 갑자기 예기치 않은 장애가 발생하는 상황 만큼 불안정하고 비신뢰적인 상황은 없다. 안정적이고 신뢰할 수 있는 폐기 및 미사용 권고에 대한 중요성은 아무리 강조해도 지나치지 않다.

마이크로서비스 평가

이제 안정성과 신뢰성을 충분히 이해했으므로 다음 질문 목록을 사용해 마이크로서비스 및 마이크로서비스 생태계의 생산 준비성을 평가해보자. 질문은 3장의 각 절에 해당하는 주제별로 구성된다.

개발 사이클

- 마이크로서비스의 모든 코드가 중앙 저장소에 있는가?
- 개발자는 현실을 정확하게 반영한 생산 상태의 개발 환경에서 작업하는가?
- 마이크로서비스에 대해 린트 테스트, 단위 테스트, 통합 테스트, 종단간 테스트를 적절하게 수행하는가?
- 코드 검토 절차 및 정책을 마련했는가?
- 테스트, 패키징, 빌드, 배포 절차를 자동화했는가?

소프트웨어 전개 파이프라인

- 마이크로서비스 생태계에 표준화된 소프트웨어 전개 파이프라인이 있는가?
- 소프트웨어 전개 파이프라인에 풀 스테이징 또는 파셜 스테이징과 같은 스테이징 단계가 있는가?

- 스테이징 환경은 프로덕션 서비스에 어떤 접근 권한이 있는가?
- 소프트웨어 전개 파이프라인에 카나리아 단계가 있는가?
- 카나리아 단계에서 장애를 발견할 만큼 충분히 긴 기간 동안 전개하는가?
- 카나리아 단계에서 프로덕션 트래픽을 확실하게 무작위로 선별해 운영하는가?
- 카나리아 환경 및 생산 환경에 대해 마이크로서비스의 포트가 동일한가?
- 생산 환경으로의 전개는 모두 동시에 수행하는가? 아니면 점진적으로 수행하는가?
- 긴급 상황 발생 시 스테이징 단계 및 카나리아 단계를 건너뛸 수 있는 절차가 있는가?

종속성

- 마이크로서비스의 종속성에는 무엇이 있는가?
- 클라이언트는 무엇인가?
- 마이크로서비스는 종속성 장애를 어떻게 완화하는가?
- 종속성이 있는 각 마이크로서비스에 대해 백업, 대안, 폴백, 방어 캐싱을 마련했는가?

서비스 라우팅과 서비스 디스커버리

- 마이크로서비스에 대한 정상 상태 확인 기능은 신뢰할 수 있는가?
- 마이크로서비스의 정상 상태 여부를 제대로 확인하는가?
- 마이크로서비스 생태계의 통신 계층 내의 별도 채널에서 마이크로서비스의 정상 상태를 확인하는가?
- 비정상적인 마이크로서비스가 요청을 하지 못하도록 서킷 브레이커를 마련했는가?
- 비정상적인 호스트 및 마이크로서비스로 프로덕션 트래픽을 보내지 않도록 서킷 브레이커를 마련했는가?

미사용 권고와 폐기

- 마이크로서비스 폐기 절차를 마련했는가?

- 마이크로서비스의 API 엔드포인트에 대해 미사용 권고 절차를 마련했는가?

4장

확장성과 성능

생산 준비된 마이크로서비스는 확장성과 성능이 뛰어나다. 확장성과 성능이 뛰어난 마이크로서비스는 효율성이 좋다. 많은 수의 작업이나 요청을 동시에 처리할 수 있을 뿐 아니라 효율적으로 처리할 수 있으며 향후의 작업이나 요청 증가에 대비할 수 있다. 4장에서는 질적 및 양적 성장 규모, 하드웨어 효율성, 자원 요구 사항 및 자원 병목 현상의 파악, 용량의 인식과 계획, 확장 가능한 트래픽 처리, 종속성의 확장, 작업의 취급과 처리, 확장 가능한 데이터 저장소에 대해 이해하고 마이크로서비스 확장성 및 성능의 필수 구성 요소를 다룬다.

마이크로서비스의 확장성과 성능을 지키는 원칙

실세계의 대규모 분산 시스템 아키텍처에서는 효율성이 가장 중요하며 마이크로서비스 생태계도 예외는 아니다. 모놀리식 애플리케이션과 같은 단일 시스템의 효율성은 쉽게 측정할 수 있지만(수천 개는 아니더라도) 수백 개의 작은 서비스가 작업을 나눠 처리하는 대규모 마이크로서비스 생태계에서는 효율성을 평가하거나 좀 더 큰 효율성을 달성하기가 매우 어렵다. 또한 컴퓨터 아키텍처 및 분산 시스템의 제약은 대규모의 복잡한 분산 시스템의 효율성을 제한

한다. 시스템이 분산되고 해당 시스템 내에 마이크로서비스의 수가 많을수록 하나의 마이크로서비스의 효율성이 시스템 전체에 미치는 영향은 더 줄어든다. 전반적인 효율성을 높이기 위한 원칙을 표준화할 필요가 있다. 생산 준비 기준 중 확장성과 성능은 이러한 전반적인 효율성을 달성하고 마이크로서비스 생태계의 가용성을 높이는 데 도움이 된다.

확장성과 성능은 마이크로서비스 및 마이크로서비스 생태계 전체의 효율성에 미치는 영향 때문에 특별히 밀접한 연관이 있다. 1장, '마이크로서비스'에서 언급했듯이 확장 가능한 애플리케이션을 만들려면 동시성과 파티셔닝을 설계해야 한다. 동시성은 각각의 작업을 더 작게 분할하고 파티셔닝은 작게 분할된 작업을 병렬로 처리하는 데 필수적이다. 따라서 확장성은 작업을 분할해 처리하는 방법과 관련돼 있으며 성능은 애플리케이션이 작업을 얼마나 효율적으로 처리하는지를 나타내는 척도다.

트래픽이 꾸준히 증가하고 마이크로서비스 생태계가 번성하고 성장할 때 성능 문제를 겪지 않으면서 마이크로서비스를 시스템 전체로 확장할 수 있어야 한다. 마이크로서비스의 확장성과 성능을 보장하기 위해 마이크로서비스에 요구되는 몇 가지 사항이 있다. 양적 성장 규모와 질적 성장의 규모를 알아야 성장을 예상해 대비할 수 있다. 하드웨어 자원을 효율적으로 사용하고 자원 병목 현상 및 자원 요구 사항을 파악하고 적절한 용량을 계획해야 한다. 마이크로서비스의 종속성도 함께 확장할 수 있도록 보장해야 한다. 확장 가능하고 효율적인 방법으로 트래픽을 관리해야 한다. 작업을 효율적인 방식으로 처리해야 한다. 마지막으로 데이터를 확장 가능한 방식으로 저장해야 한다.

- 질적 및 양적 성장 규모를 안다.
- 하드웨어 자원을 효율적으로 사용한다.
- 자원 병목 현상과 자원 요구 사항을 안다.
- 용량 계획을 자동화하고 예정된 일정에 따라 수행한다.
- 마이크로서비스 종속성도 함께 확장할 수 있다.
- 마이크로서비스 클라이언트도 함께 확장할 수 있다.
- 트래픽 패턴을 안다.
- 장애가 발생하면 트래픽의 경로를 재지정할 수 있다.
- 확장성 및 성능을 제공하는 프로그래밍 언어로 작성한다.
- 작업을 효율적인 방식으로 처리한다.
- 확장 가능하고 효율적인 방식으로 데이터를 처리하고 저장한다.

성장 규모 파악

고수준에서 마이크로서비스 확장 방법을 정하는 것은 확장 가능한 마이크로서비스를 구축하고 유지하는 방법을 이해하는 첫 번째 단계다. 마이크로서비스의 성장 규모를 파악하는 데에는 두 가지 측면이 있으며 두 가지 모두 서비스의 확장성을 이해하고 계획하는 데 중요한 역할을 한다. 그중 첫 번째는 질적 성장 규모다. 전반적인 마이크로서비스 생태계에서 서비스가 어떻게 들어맞는지 파악하는 데서 비롯되며 영향을 받는 주요 사업 지표를 결정하는 데 사용된다. 두 번째는 양적 성장 규모다. 이름에서 알 수 있듯이 마이크로서비스가 처리하는 트래픽의 양을 명확히 알 수 있고 측정 가능하며 정량화할 수 있다.

질적 성장 규모

마이크로서비스의 성장 규모를 파악하려 할 때는 서비스가 지원하는 초당 요청 횟수^{RPS, requests per second} 또는 초당 쿼리 횟수^{QPS, queries per second}로 성장 규모를 표현한 후 향후 서비스에서 제공할 초당 요청 횟수 및 초당 쿼리 횟수를 예측하는 것이 자연스럽다. 마이크로서비스에 대해 언급할 때는 '초당 요청 횟수', 데이터베이스나 마이크로서비스가 데이터를 클라이언트로 반환할 때는 '초당 쿼리 횟수'를 사용하며 대부분의 경우 상호 교체 사용이 가능하다. 초당 요청 횟수 또는 초당 쿼리 횟수는 매우 중요한 정보지만 부가적인 맥락이 없으면 쓸모없다. 특히 마이크로서비스가 전반적인 그림에 들어맞는 전후 사정이 없는 상황에서 그렇다.

대부분의 경우 마이크로서비스가 지원할 수 있는 초당 요청 횟수 및 초당 쿼리 횟수에 대한 정보는 처음에 성장 규모를 계산할 때 마이크로서비스의 상태에 따라 결정된다. 현재 트래픽 수준을 보고 마이크로서비스가 트래픽 부하를 처리하는 방식으로 성장 규모를 계산하면 향후 처리할 수 있는 트래픽의 양을 잘못 추론할 위험이 있다. 이러한 문제를 해결하는 데에는 여러 가지 접근법이 있다. 서비스의 확장성에 대해 보다 정확한 그림을 제시할 수 있는 부하 테스트[1], 시간에 따라 트래픽 수준을 볼 수 있는 과거 트래픽 데이터 분석 등이다. 그러나 여기에는 핵심 내용이 빠져 있다. 마이크로서비스가 단독으로 존재하는 것이 아니라 더 큰 마이크로서비스 생태계의 일부라는 마이크로서비스 아키텍처의 고유 속성이다.

다음에서 질적 성장 규모의 적용을 확인할 수 있다. 질적 성장 규모는 서비스의 확장성을 고수준 사업 지표와 결부시킨다. 예를 들어 사용자 수, 휴대폰 애플리케이션을 실행한 사람의 수, 음식 배달 서비스의 주문 횟수 등에 따라 마이크로서비스를 확장할 수 있다. 이러한 질적 성장 규모 지표는 개별 마이크로서비스가 아니라 시스템 전체나 제품과 결부된다. 조직은 보통 사업 수준에서 질적 성장 규모 지표가 시간 경과에 따라 어떻게 변할지 안다. 이러한 고수준 사업 지표를 기술 팀에 전달하면 개발자는 각각의 마이크로서비스와 관련해 고수준 사업 지표를 해석할 수 있다. 임의의 마이크로서비스가 음식 배달 서비스의 주문 흐름선상에 있다면 미래의 예상 주문 수와 관련된 지표로부터 서비스에 트래픽이 얼마나 필요한지 안다.

---

1   마이크로서비스에 많은 트래픽 부하를 주는 테스트

필자가 마이크로서비스 개발 팀에 서비스 성장 규모를 아는지 물어보면 보통은 "초당 x개의 요청을 처리할 수 있다."라고 답한다. 항상 후속 질문으로 해당 서비스가 제품 전체에 어떻게 들어맞는지 알아내는 데 주력한다. 요청은 언제 이뤄지는가? 여행 건마다 요청하는가? 앱을 열 때마다 요청하는가? 신규 사용자가 제품에 등록할 때마다 요청하는가? 이처럼 맥락을 이해하기 위한 질문에 대한 답을 얻으면 성장 규모를 분명히 알 수 있고 유용하게 쓸 수 있다. 서비스에 대한 요청 수가 휴대폰 애플리케이션을 실행한 사람의 수와 직접 관련돼 있다면 서비스는 휴대폰 애플리케이션을 실행한 사람의 수에 따라 확장되고 얼마나 많은 사람이 애플리케이션을 실행할 것인지를 예측함으로써 서비스 확장 계획을 세울 수 있다. 서비스에 대한 요청 수가 배달 음식을 주문한 사람의 수로 결정되는 경우 서비스는 배달 횟수에 따라 확장되며 미래의 예상 배달 횟수에 대해 고수준 사업 지표를 사용함으로써 서비스 규모를 계획하고 예측할 수 있다.

질적 성장 규모의 규칙에는 예외가 있으며 서비스의 아래 계층으로 갈수록 질적 성장 규모를 적절하게 결정하는 것이 복잡할 수 있다. 내부 도구는 복잡성으로 인해 어려움을 겪는 경향이 있지만 사업에 있어서는 매우 중요하기 때문에 만약 내부 도구를 확장할 수 없다면 나머지 조직에서는 확장성 문제에 직면할 수 있다. 사용자나 애플리케이션을 실행한 사람의 수 등과 같은 사업 지표를 사용해 모니터링 또는 경고 알림 플랫폼과 같은 서비스의 성장 규모를 표현하기 쉽지 않다. 따라서 플랫폼 또는 인프라 조직은 개발자나 서비스와 같은 내부 도구의 고객과 고객이 원하는 사양의 관점에서 서비스의 정확한 성장 규모를 결정할 필요가 있다. 예를 들어 내부 도구는 전개 횟수, 서비스 수, 집계된 로그의 양, 데이터 규모에 따라 확장할 수 있다. 이러한 수치를 예측하는 것은 본질적인 어려움으로 인해 더 복잡하지만 마이크로서비스의 성장 규모만큼 고수준에서 직관적이고 예측 가능해야 한다.

양적 성장 규모

두 번째로 성장 규모를 이해하기 위해서는 초당 요청 횟수, 초당 쿼리 횟수 및 유사한 지표가 적용되는 양적 측면을 파악해야 한다. 양적 성장 규모를 파악하려면 질적 성장 규모를 염두에 두고 마이크로서비스에 접근해야 한다. 양적 성장 규모는 질적 성장 규모를 측정 가능한 수치로 변환함으로써 정의된다. 예를 들어 마이크로서비스의 질적 성장 규모가 휴대폰 애플리케이션을 실행한 사람의 수로 측정되고 휴대폰 애플리케이션을 실행할 때마다 마이크로서비스와 데이터베이스 트랜잭션에 대한 두 가지 요청이 이뤄지면 양적 성장 규모는 요청 및 트랜잭션으로 측정되므로 초당 요청 횟수 및 초당 트랜잭션 횟수가 확장성을 결정하는 두 가지 주요 수치가 된다.

질적 및 양적 성장 규모를 정확하게 결정하는 것의 중요성은 아무리 강조해도 지나치지 않다. 곧 알게 되겠지만 서비스 운영 비용, 하드웨어 요구 사항 및 제약 사항을 예측할 때는 성장 규모를 사용한다.

자원의 효율적인 사용

마이크로서비스 생태계와 같은 대규모 분산 시스템의 확장성을 고려할 때 하드웨어 및 인프라 시스템 특성을 자원으로 추상화해 취급하면 매우 유용하다. CPU, 메모리, 데이터 저장소, 네트워크는 자연계의 자원과 유사하다. 이러한 자원은 유한하고 실세계의 물리적인 대상이며 마이크로서비스 생태계에서 다양한 핵심 참여자 사이에 분산되고 공유된다. 앞의 '조직이 직면한 문제' 절에서 간략하게 논의했듯이 하드웨어 자원은 비싸고 가치 있으며 때로는 드물기 때문에 마이크로서비스 생태계 내에서 치열한 자원 경쟁을 초래한다.

사업에 중요한 마이크로서비스에 자원을 더 많이 할당하면 자원 할당 및 자원 분배에 대한 조직적인 문제를 덜어낼 수 있다. 또한 사업 전체에 있어 중요성 및 가치에 따라 마이크로서비스 생태계 내의 다양한 마이크로서비스를 분류하면 자원 요구 사항의 우선순위를 매길 수 있다. 마이크로서비스 생태계 전반에 걸쳐 자원이 부족한 경우 자원 할당과 관련해 사업에 가장 중요한 서비스에 우선순위를 부여할 수 있다.

자원 할당과 자원 분배를 하려면 마이크로서비스 생태계의 첫 번째 계층인 하드웨어 계층에 대해 많은 결정을 해야 하기 때문에 기술적으로 수행하기는 어렵다. 마이크로서비스에 전용

하드웨어를 할당할 수 있으므로 각 호스트에서는 하나의 서비스만 실행할 수 있다. 그러나 이는 다소 비용이 많이 들고 하드웨어 자원을 비효율적으로 사용할 가능성이 있다. 대부분의 기술 조직은 여러 마이크로서비스가 하드웨어를 공유하도록 하며 각 호스트는 다른 종류의 서비스를 실행한다. 대부분의 경우 이 방식은 하드웨어 자원을 더 효율적으로 사용한다.

하드웨어 자원 공유의 위험

마이크로서비스 간에 서버를 공유하는 것처럼 하나의 서버에서 다른 종류의 많은 마이크로서비스를 실행하면 보통은 하드웨어 자원을 더 효율적으로 사용한다. 반면, 마이크로서비스를 충분히 격리하고 인접한 마이크로서비스의 성능, 효율성, 가용성을 저하시키지 않도록 주의해야 한다. 도커를 사용한 컨테이너 분리 기술은 자원 격리를 제공하며 부적절하게 동작하는 마이크로서비스에 의해 피해가 발생하는 것을 방지할 수 있다.

마이크로서비스 생태계에 하드웨어 자원을 할당하고 분배하는 가장 효과적인 방법 중 하나는 호스트의 개념을 완전히 추상화하고 아파치의 메소스와 같은 자원 추상화 기술을 사용해 하드웨어 자원을 대체하는 것이다. 이 수준의 자원 추상화를 사용하면 자원을 동적으로 할당할 수 있으므로 마이크로서비스 생태계와 같은 대규모 분산 시스템에서 자원 할당 및 자원 분배와 관련된 많은 위험 요소를 없앨 수 있다.

자원 인식

마이크로서비스 생태계 내의 마이크로서비스에 하드웨어 자원을 효율적으로 할당하고 분배하기 전에 각 마이크로서비스의 자원 요구 사항 및 자원 병목 현상을 식별하는 것이 중요하다. 자원 요구 사항에는 각 마이크로서비스가 필요로 하는 CPU나 RAM 등의 특정 자원이 있다. 자원 요구 사항을 확인하는 것은 확장 가능한 서비스를 실행하는 데 필수적이다. 자원 병목 현상은 자원의 특성에 의존하는 개별 마이크로서비스의 확장성과 성능을 제약하기 때문에 발생한다.

자원 요구 사항

마이크로서비스의 자원 요구 사항에는 마이크로서비스가 올바르게 동작하고 작업을 효율적으로 처리하며 마이크로서비스를 수직 또는 수평으로 확장하는 데 필요한 하드웨어 자원이 있다. 가장 중요하고 유의미한 두 가지 하드웨어 자원은 CPU와 RAM이다. 만약 다중 스레드 환경이라면 스레드가 세 번째 중요한 자원이다. 마이크로서비스의 자원 요구 사항을 파악하려면 인스턴스가 마이크로서비스를 실행하는 데 필요한 CPU와 RAM을 정량화해야 한다. 이는 자원 추상화, 자원 할당, 자원 분배, 마이크로서비스의 전반적인 확장성과 성능을 결정하는 데 필수적인 요소다.

추가 자원 요구 사항 파악하기

가장 일반적인 두 가지 자원 요구 사항은 CPU와 RAM이지만 마이크로서비스 생태계 내에서 다른 자원을 필요로 하는지 살펴보는 것이 중요하다. 이러한 하드웨어 자원은 데이터베이스 연결이나 로깅 할당량과 같은 애플리케이션 플랫폼 자원일 수 있다. 특정 마이크로서비스의 요구 사항을 파악하면 확장성과 성능 향상을 위해 많은 것을 할 수 있다.

마이크로서비스의 특정 자원에 대한 요구 사항을 산출하는 데에는 이와 관련된 요인이 많기 때문에 과정이 까다롭고 길어질 수 있다. 여기에서의 핵심은 앞서 언급했듯이 하나의 서비스 인스턴스에 대한 요구 사항을 확인하는 것이다. 서비스를 확장하는 가장 효과적이고 효율적인 방법은 수평으로 확장하는 것이다. 트래픽이 증가할 때 호스트를 좀 더 추가하고 신규 호스트에 서비스를 전개할 필요가 있다. 추가할 호스트의 수를 파악하기 위해서는 하나의 호스트에서 실행되는 서비스가 무엇인지 알아야 한다. 얼마나 많은 트래픽을 처리할 수 있는가? 얼마나 많은 CPU를 사용하는가? 얼마나 많은 메모리를 사용하는가? 이러한 수치는 마이크로서비스의 자원 요구 사항이 무엇인지 정확하게 알려준다.

자원 병목 현상

자원 병목 현상을 파악하면 마이크로서비스의 성능과 확장성에 대한 제약 사항을 발견하고 정량화할 수 있다. 자원 병목 현상은 마이크로서비스가 애플리케이션 확장성을 제한하는 자원을 사용하는 방식에 내재하고 있다. 이는 인프라의 병목 현상이거나 확장성을 보장하지 못하는 서비스 아키텍처 내의 뭔가일 수 있다. 예를 들어 마이크로서비스가 필요로 하는 열린 데이터베이스 연결 수가 데이터베이스 연결 허용 값에 가까워지면 병목 현상이 발생할 수 있다. 또 다른 예로 일반적인 자원 병목 현상은 마이크로서비스의 트래픽 증가로 인해 (수평 확장보다는) 인스턴스나 하드웨어 추가를 통한 수직 확장이 필요할 때 발생한다. 마이크로서비스를 확장하는 유일한 방법이 각 인스턴스의 CPU나 메모리와 같은 자원을 늘리는 것이라면 확장성의 두 가지 요소인 동시성과 파티셔닝은 포기해야 한다.

일부 자원 병목 현상은 쉽게 확인할 수 있다. 더 많은 CPU와 메모리가 있는 서버에 마이크로서비스를 배치함으로써 늘어나는 트래픽을 처리할 수 있는 경우에는 확장성 병목 현상이 발생한 것이며 마이크로서비스를 리팩터링해 기본 원칙인 동시성과 파티셔닝을 활용하면 수직이 아닌 수평으로 확장할 수 있다.

수직 확장의 위험
수직 확장은 마이크로서비스를 설계하기 위해 지속 가능하거나 확장 가능한 방법이 아니다. 마이크로서비스마다 전용 하드웨어가 있는 상황에서는 문제가 잘 해결될 수 있지만 도커 및 아파치의 메소스와 같이 오늘날 기술 산업에서 사용되는 하드웨어 추상화 및 하드웨어 격리에 대한 새로운 기술은 효과가 없을 수 있다. 확장성 있는 애플리케이션을 구축하려는 경우에는 동시성과 파티셔닝을 위해 항상 최적화해야 한다.

다른 자원 병목 현상은 그다지 분명하지 않다. 이를 발견하는 가장 좋은 방법은 서비스에 대해 광범위한 부하 테스트를 실행하는 것이다. 4장의 '복원력 테스트' 절에서 좀 더 자세하게 다룬다.

용량 계획

확장 가능한 마이크로서비스를 구축하는 데 있어 가장 중요한 요구 사항 중 하나는 규모에 따라 필요한 필수 하드웨어 자원에 접근할 수 있도록 보장하는 것이다. 마이크로서비스가 더 많은 프로덕션 트래픽을 처리해야 할 때 필요한 하드웨어 자원을 사용할 수 없다면 자원을 효율적으로 사용하고 성장 계획을 세우며 처음부터 완벽한 효율성과 확장성을 위해 마이크로서비스를 설계하는 것은 무용지물이 된다. 이 문제는 특히 수평 확장성을 위해 최적화된 마이크로서비스와 관련돼 있다.

이러한 잠재적인 문제에 수반하는 기술적 문제 외에도 기술 조직은 더 큰 조직 수준의 사업 관련 문제에 종종 직면한다. 하드웨어 자원 비용은 상당하고 기업과 개별적인 개발 팀은 예산을 준수해야 하며 하드웨어를 포함한 예산을 미리 계획해야 한다. 트래픽이 증가할 때 마이크로서비스를 올바르게 확장할 수 있도록 예정된 일정대로 용량 계획을 세울 수 있다. 용량 계획을 세우는 원칙은 매우 간단하다. 사전에 마이크로서비스마다 필요한 하드웨어 요구 사항을 파악해 예산에 포함시키고 필요한 하드웨어를 보유하고 있는지 확인한다.

각 서비스의 하드웨어 요구 사항을 파악하기 위해 양적 및 질적 성장 규모, 주요 사업 지표, 예상 트래픽, 알고 있는 자원 병목 현상 및 자원 요구 사항, 마이크로서비스 트래픽에 대한 과거 기록을 사용할 수 있다. 이는 마이크로서비스의 확장성이 고수준 사업 예측과 관련해 어떻게 작용하는지 정확하게 파악할 수 있기 때문에 질적 및 양적 성장 규모가 특히 유용하다. 예를 들어 (1) 마이크로서비스는 제품의 순 방문자 수에 따라 확장할 수 있고 (2) 순 방문자 수는 마이크로서비스에 대한 초당 요청 횟수에 대응하며 (3) 회사는 다음 분기에 제품의 신규 순 방문자 수가 2만 명이라고 예측한다면 다음 분기에 필요한 용량을 정확히 알 수 있다.

하드웨어 요구 사항은 개발 팀별, 기술 조직별, 회사별로 예산에 포함돼야 한다. 예산 책정 전에 예정된 일정대로 실행하면 자원 예산을 책정하지 않았거나 준비하지 않은 것이기 때문에 기술 조직은 단순히 하드웨어 자원을 사용할 수 없다고 확신할 수 있다. 기술 및 사업 관점에서 중요한 것은 부적절한 용량 계획으로 인해 발생하는 비용을 인지하는 것이다. 하드웨어 부족 때문에 제대로 확장할 수 없는 마이크로서비스는 마이크로서비스 생태계 내에서 가용성이 떨어지고 서비스 가동 중단 문제로 이어져 회사에 비용이 들게 한다.

새로운 하드웨어 요청에 걸리는 시간

용량 계획 단계에서 일반적으로 개발 팀이 간과할 수 있는 잠재적인 문제 중 하나는 마이크로서비스에 필요한 하드웨어가 계획 시점에 존재하지 않을 수 있으며 마이크로서비스 운영 전에 구입, 설치, 구성해야 할 필요가 있다는 것이다. 용량 계획을 수립하기 전, 결정적인 시기에 긴 기간 동안 자원 부족을 겪지 않으려면 새로운 하드웨어를 구입하는 데 필요한 시간을 정확히 알고 하드웨어 구입 과정이 지연될 여지를 고려해야 한다.

마이크로서비스마다 하드웨어 자원을 확보하고 지정하면 용량 계획은 완료된다. 계획 단계 이후 하드웨어를 언제, 어떻게 할당할지 결정하는 것은 당연히 각 기술 조직과 개발 팀, 인프라 팀, 운영 팀에 달려 있다.

용량 계획은 정말 어려우며 수작업으로 해야 할 수도 있다. 기술 분야의 대부분의 수작업과 마찬가지로 새로운 장애 유형을 초래한다. 수작업으로 산출하는 것이 불가능할 수 있으며 심지어 약간 부족한 경우에도 사업에 중요한 서비스에 큰 손실을 줄 수 있다. 대다수의 용량 계획 절차를 개발 및 운영 팀에서 자동화하면 잠재적인 오류 및 장애를 줄일 수 있다. 이를 달성하는 가장 좋은 방법은 마이크로서비스 생태계의 애플리케이션 플랫폼 계층에서 용량 계획 셀프 서비스 도구를 구축하고 실행하는 것이다.

종속성 확장

마이크로서비스 종속성 자체에 확장성 문제가 있을 수 있다. 아무리 모든 면에서 완벽하게 확장 가능하도록 설계, 구축, 실행되는 마이크로서비스일지라도 이에 종속성이 있는 서비스를 확장할 수 없다면 여전히 확장성 문제에 직면한다. 주요 종속성 하나라도 클라이언트에 따라 확장할 수 없다면 종속성 사슬 전체가 확장성 문제를 겪는다. 예상되는 마이크로서비스의 성장에 따라 모든 종속성의 확장을 보장하는 것은 생산 준비된 서비스를 구축하는 데 필수적이다.

이러한 문제는 모든 마이크로서비스 및 마이크로서비스 생태계의 모든 계층과 관련돼 있다. 이는 마이크로서비스 팀이 클라이언트의 확장성에 병목 현상이 있는지 확인해야 한다는 것을 의미한다. 즉, 마이크로서비스 생태계의 모든 계층에 복잡성이 추가로 발생한다. 불가피한 추가 트래픽과 마이크로서비스 클라이언트의 요청 증가에 대비해야 한다.

질적 성장 규모와 종속성 확장

믿을 수 없을 정도로 복잡하게 얽힌 종속성을 다룰 때 모든 마이크로서비스 팀이 서비스의 확장성을 질적 성장 규모를 나타낸 고수준의 사업 지표에 연결하도록 보장하면 팀 간 소통에 어려움이 있더라도 모든 서비스가 예상되는 성장에 제대로 대비할 수 있다.

종속성 확장 문제는 마이크로서비스 생태계의 모든 부분에서 확장성 및 성능 기준을 준수하는 데 있어 특히 중요하다. 대부분의 마이크로서비스는 고립돼 있지 않다. 거의 모든 마이크로서비스는 크고 복잡하게 얽혀 있는 종속성 사슬의 한 부분이다. 대부분의 경우 전반적인 제품, 조직, 생태계 전체를 효과적으로 확장하려면 시스템의 각 부분이 다른 부분과 함께 확장돼야 한다. 서비스의 다른 부분이 동일한 기준에 부합하지 않는 시스템에서 매우 효율적이고 성능이 뛰어나고 확장 가능한 마이크로서비스가 소수만 있다면 표준화된 서비스의 효율성을 고려하는 것이 무의미하다.

마이크로서비스 생태계 전체의 표준화와 마이크로서비스 개발 팀마다 확장성의 기준을 높게 유지하는 것 외에도 개발 팀은 마이크로서비스 경계를 넘어 함께 작업하고 종속성 사슬에 있는 각각의 마이크로서비스를 함께 확장할 수 있도록 하는 것이 중요하다. 트래픽 증가가 예상되는 경우 마이크로서비스에 종속성이 있는 개발 팀에 알려야 한다. 팀 간 의사 소통 및 협업은 필수적이다. 서비스의 확장성 요구 사항, 상태, 병목 현상에 관해 클라이언트 및 종속성이 있는 팀과의 정기적인 의사 소통은 서로 의존하는 모든 서비스가 성장에 대비하고 잠재적인 확장성 병목 현상을 인식하는 것을 보장한다. 팀이 이를 수행하는 데 도움이 되는 전략은 서로 의존하는 서비스 팀과의 아키텍처 및 확장성 개요에 대한 회의를 개최하는 것이다. 이 회의에서는 각 서비스의 아키텍처와 확장성 제약 사항을 다룬 후 서비스 전체를 확장하기 위해 필요한 작업을 함께 논의한다.

트래픽 관리

서비스 규모가 커지고 각 서비스가 처리해야 하는 요청 횟수가 증가하면 확장 가능하고 효율적인 서비스는 트래픽을 현명하게 처리해야 한다. 확장 가능하고 효율적인 방식으로 트래픽을 관리하는 데는 몇 가지 측면이 있다. 첫째, 양적 및 질적 성장 규모는 향후 트래픽의 증가나 감소를 예측하는 데 사용할 필요가 있다. 둘째, 트래픽 패턴을 잘 이해하고 대비해야 한다. 셋째, 마이크로서비스는 트래픽 급증을 포함한 트래픽 증가를 현명하게 처리할 수 있어야 한다.

4장의 앞부분에서 이미 양적 및 질적 성장 규모에 관해 다뤘다. 마이크로서비스의 양적 및 질적 성장 규모를 알면 향후 트래픽 증가에 대비하는 것뿐 아니라 서비스의 현재 트래픽 부하도 파악할 수 있다.

현재의 트래픽 패턴을 파악하면 다양하고 흥미로운 방식으로 처음부터 서비스와 상호 작용할 수 있다. 트래픽 패턴을 명확하게 확인하면 시간에 따라 서비스에 전송된 초당 요청 횟수와 모든 주요 지표(6장, '모니터링' 참조) 면에서 트래픽이 절정을 이루는 시간을 피해 서비스 변경, 운영 중지 시간, 전개에 대한 일정을 수립할 수 있다. 따라서 버그가 전개된 경우 향후 발생할 수 있는 서비스 장애를 줄일 수 있으며 마이크로서비스를 재시작하는 경우 트래픽 부하가 절정을 이루는 동안 잠재적인 가동 중지 시간을 줄일 수 있다. 트래픽 패턴을 고려해 트래픽을 면밀히 모니터링하고 모니터링 임곗값을 신중하게 조절하면 서비스 장애를 일으키거나 가용성이 감소하기 전에 모든 문제와 사고를 신속하게 파악할 수 있다. 생산 준비된 모니터링 원칙에 대한 내용은 6장, '모니터링'에서 좀 더 자세히 다룬다.

향후 트래픽 증가를 예측하고 현재 및 과거 트래픽 패턴을 이해하면 예상되는 성장에 따라 트래픽 패턴이 어떻게 변하는지 알 수 있으므로 서비스 부하 테스트를 통해 트래픽 부하가 더 큰 상황에서 예상대로 동작하는지 확인할 수 있다. 부하 테스트에 대한 좀 더 자세한 내용은 5장, '내결함성과 재난 대비'의 '복원력 테스트' 절에서 다룬다.

트래픽 증가를 현명하게 처리하는 것은 상황이 특히 까다롭다. 마이크로서비스는 트래픽을 처리할 때 확장성이 있어야 한다. 즉, 트래픽의 급격한 변화, 특히 트래픽의 폭발적인 증가에 대비하고 신중하게 처리하고 서비스가 완전히 중단되지 않도록 해야 한다. 트래픽이 갑자기 급증하면 모니터링되고 확장 가능하며 성능이 우수한 마이크로서비스라도 모니터링 및 로깅 문제 또는 기타 일반적인 문제가 발생할 수 있기 때문에 트래픽 관리가 말처럼 쉽지 않다. 개발 팀은 인프라 수준에서 서비스의 복원력 테스트의 일부로써 모든 모니터링 및 로깅 시스템 내에 트래픽이 급증하는 것에 대비해야 한다.

여러 곳에 걸쳐 트래픽 관리와 관련해 언급할 부분이 하나 더 있다. 많은 마이크로서비스 생태계는 한곳, 하나의 데이터센터, 한 도시에만 전개되는 것이 아니라 국가 또는 세계의 여러 데이터센터에 전개된다. 데이터센터 자체가 대규모의 서비스 장애를 겪는 경우는 드문 일이 아니며 이러한 상황이 발생하면 마이크로서비스 생태계 전체는 데이터센터와 함께 가동이 중지될 수 있다. 데이터센터에 적절하게 트래픽을 분배하고 전송하는 것은 마이크로서비스 생태계의 인프라 수준(특히 통신 계층)의 책임이지만 각 마이크로서비스는 가용성 감소를 겪지 않고도 한 데이터센터에서 다른 데이터센터로 트래픽을 다시 전송할 수 있도록 해야 한다.

작업 취급과 처리

마이크로서비스 생태계에 있는 모든 마이크로서비스는 작업을 처리해야 한다. 모든 마이크로서비스는 클라이언트 서비스의 요청을 받는다. 마이크로서비스로부터의 정보를 필요로 하거나 마이크로서비스가 뭔가를 계산하거나 처리해 그 결과에 대한 정보를 반환한다. 마이크로서비스는 보통 자신의 작업을 수행하는 것 외에도 다운스트림 서비스와 통신함으로써 해당 요청을 수행할 필요가 있을 것이다. 그런 다음 요청을 보낸 클라이언트에 요청한 정보나 응답을 반환한다.

프로그래밍 언어 제약 사항

마이크로서비스는 무수히 많은 방법으로 작업을 처리하며 필요한 역할을 수행할 수 있다. 계산을 처리하고 다운스트림 서비스와 상호 작용하며 다양한 작업을 처리하는 방식은 작성된 프로그래밍 언어에 따라 다르다. 그 결과, 여러 가지 면에서 프로그래밍 언어에 의해 결정된 서비스 아키텍처에 따라 달라진다. 예를 들어 파이썬으로 작성한 마이크로서비스에는 다양한 작업을 처리할 수 있는 여러 가지 방법이 있다. 이 중 일부는 작업을 효율적으로 처리할 수 있도록 토네이도^{Tornado}와 같은 비동기 프레임워크와 래빗MQ 및 셀러리와 같은 메시징 기술을 사용한다. 이러한 이유 때문에 마이크로서비스가 확장 가능하고 효율적인 방식으로 작업을 처리하는 능력은 선택한 프로그래밍 언어에 따라 부분적으로 영향을 받는다.

프로그래밍 언어의 확장성과 성능 제약 사항을 살펴볼 것

많은 프로그래밍 언어가 마이크로서비스 아키텍처의 성능 및 확장성 요구 사항에 맞게 최적화되지 않았거나 마이크로서비스가 작업을 효율적으로 처리할 수 있도록 확장 가능하거나 성능이 뛰어난 프레임워크를 지원하지 않는다.

프로그래밍 언어 선택으로 비롯된 제약 사항 때문에 마이크로서비스의 효율적인 작업 처리 능력에 관해 마이크로서비스 아키텍처에서의 프로그래밍 언어 선택은 매우 중요해졌다. 많은 개발자들에게 마이크로서비스 아키텍처를 도입하는 장점 중 하나는 어떤 프로그래밍 언어로든 마이크로서비스를 개발할 수 있는 것이다. 이는 일반적으로 사실이지만 주의가 필요하다. 프로그래밍 언어의 제약 사항을 고려해야 하고 유행하거나 재미있다는 이유로 프로그래밍 언어를 선택해서는 안 된다. 또한 개발 팀에 가장 친숙하고 일반적인 프로그래밍 언어라도 선택해서는 안 된다. 결정적인 요소인 프로그래밍 언어의 성능과 확장성 제약 사항에 따라 선택해야 한다. 마이크로서비스를 작성하는 최고의 프로그래밍 언어는 없지만 특정 유형의 마이크로서비스에 다른 무엇보다 더 적합한 프로그래밍 언어가 있다.

요청과 작업을 효율적으로 처리하기

각 마이크로서비스는 프로그래밍 언어 선택은 물론 생산 준비 표준화를 위해 확장성과 성능을 갖춰야 한다. 즉, 마이크로서비스는 많은 수의 작업을 동시에 효율적으로 처리해야 하며 향후 작업 및 요청 증가에 대비해야 한다. 개발 팀은 이를 염두에 두고 마이크로서비스가 작업을 어떻게 처리하는지, 마이크로서비스가 해당 작업을 얼마나 효율적으로 처리하는지, 요청 횟수가 늘어남에 따라 마이크로서비스가 어떻게 수행하는지에 답할 수 있어야 한다.

확장성 및 성능을 보장하기 위해 마이크로서비스는 작업을 효율적으로 처리해야 한다. 이를 위해서는 동시성과 파티셔닝이 모두 필요하다. 동시성은 서비스가 단일 절차에서 모든 작업을 수행하는 일이 없도록 해야 한다는 것으로 단일 절차에서 모든 작업을 수행하는 경우 절차는 한 번에 하나의 작업을 선택하고 특정 순서로 단계를 완료해야 다음 단계로 넘어가기 때문에 작업을 처리하기에는 상대적으로 비효율적인 방법이다. 따라서 단일 절차를 사용하도록 서비스를 설계하는 대신, 동시성을 도입해 각각의 작업을 더 작게 나눠 처리해야 한다.

동시성과 파티셔닝에 최적화된 프로그래밍 언어로 마이크로서비스 작성하기

일부 프로그래밍 언어는 동시성과 파티셔닝을 지원하므로 작업의 효율적인 취급과 처리에 더 적합하다. 새로운 마이크로서비스를 작성할 때 프로그래밍 언어가 마이크로서비스에 대한 확장성과 성능에 대한 제약을 초래하지 않도록 해야 한다. 효율성에 제한이 있는 프로그래밍 언어로 작성된 마이크로서비스는 보다 적절한 프로그래밍 언어로 다시 작성할 수 있다. 시간이 소모되긴 하지만 확장성과 성능을 크게 개선할 수 있는 엄청나게 보람 있는 작업이다. 예를 들어 동시성 및 파티셔닝을 최적화하고 이를 달성하는 데 도움이 되는 비동기 프레임워크를 사용하려는 경우, 동시성 및 파티셔닝을 위해 만들어진 C++, 자바, 고(Go)가 아닌 파이썬으로 서비스를 작성하면 확장성 및 성능에 대한 많은 병목 현상을 초래해 문제를 해결하기 어려울 수 있다.

작업을 더 작게 나누기 위해 파티셔닝을 사용하면 작업을 더 효율적으로 처리할 수 있다. 파티셔닝은 각 작업을 작은 조각으로 나눠 병렬 처리할 수 있게 한다. 많은 수의 작은 작업을 동시에 처리할 수 있는 작업자에게 보내 병렬로 처리할 수 있다. 더 많은 작업을 처리해야 하는 경우 시스템의 효율성에 영향을 미치지 않으면서 새로운 작업을 처리할 작업자를 추가함으로써 늘어난 요구 사항에 따라 쉽게 확장할 수 있다. 동시성과 파티셔닝을 함께 사용하면 확장성 및 파티셔닝을 위한 마이크로서비스 최적화에 도움이 된다.

확장 가능한 데이터 저장소

마이크로서비스는 데이터를 확장 가능하고 효율적인 방식으로 다뤄야 한다. 마이크로서비스가 데이터를 저장하고 취급하는 방식은 확장성과 성능을 제한하는 가장 중요한 제약이 되기 쉽다. 잘못된 데이터베이스나 스키마 또는 테스트 테넌시를 지원하지 않는 데이터베이스를 선택하면 결국 마이크로서비스의 전반적인 가용성이 저하될 수밖에 없다. 마이크로서비스에 적합한 데이터베이스를 선택하는 것은 이 책에서 다루는 다른 주제와 마찬가지로 엄청나게 복잡하므로 4장에서는 일부만 살펴본다. 다음 절에서는 마이크로서비스 생태계에서 데이터베이스를 선택할 때 고려해야 할 몇 가지 사항을 살펴보고 마이크로서비스 아키텍처와 관련된 데이터베이스 문제에 대해 살펴본다.

마이크로서비스 생태계에서의 데이터베이스 선택

대규모 마이크로서비스 생태계에서 데이터베이스를 구축, 운영, 유지 관리하는 것은 쉬운 일이 아니다. 마이크로서비스 아키텍처를 도입한 일부 회사는 개발 팀이 데이터베이스를 선택, 구축, 유지 관리할 수 있도록 허용하는 한편, 다른 회사는 대다수의 마이크로서비스를 위해 동작하는 데이터베이스를 적어도 하나는 결정할 것이며 해당 데이터베이스를 운영하고 유지 관리할 별도의 팀을 구성할 것이다. 그러면 개발자는 오로지 자신의 마이크로서비스에만 전념할 수 있다.

마이크로서비스 아키텍처가 네 개의 분리된 계층으로 구성돼 있다고 생각하면(1장, '마이크로서비스'의 '마이크로서비스 아키텍처' 절 참조), 마이크로서비스 아키텍처를 도입한 회사의 기술 조직은 역콘웨이의 법칙에 따라 제품의 아키텍처를 반영한다. 따라서 적절한 데이터베이스를 선택, 구축, 실행, 유지 관리해야 하는 책임은 마이크로서비스 팀에 데이터베이스를 하나의 서비스로 제공하는 애플리케이션 플랫폼 계층 또는 마이크로서비스가 사용하는 데이터베이스를 서비스의 일부로 간주하는 마이크로비스 계층에 있다는 것을 알 수 있다. 필자는 여러 회사에서 실제로 이러한 두 형태의 조직을 겪어봤으며 그중 일부는 잘 운영된다. 또한 이것에 대한 한 가지 접근법은 애플리케이션 플랫폼 계층에서 데이터베이스를 서비스로써 제공하고 해당 데이터베이스가 특정 마이크로서비스 개발 팀의 요구 사항에 맞지 않으면 마이크로서비스 개발 팀이 자체적인 데이터베이스를 운영할 수 있도록 허용하는 것이다. 특히 이 접근법은 다른 접근법보다 잘 운영된다는 것을 알았다.

가장 일반적인 유형의 데이터베이스는 관계형 데이터베이스(예: SQL, MySQL)와 NoSQL 데이터베이스[2]다. 관계형 데이터베이스와 NoSQL 데이터베이스 중 하나를 선택하고 마이크로서비스의 필요에 맞는 특정 데이터베이스를 선택하는 것은 몇 가지 질문에 대한 답에 달려 있다.

- 마이크로서비스에 필요한 초당 트랜잭션 횟수는 무엇인가?
- 마이크로서비스는 어떤 유형의 데이터를 저장해야 하는가?
- 마이크로서비스에 필요한 스키마는 무엇인가? 얼마나 자주 변경해야 하는가?
- 마이크로서비스는 강력한 일관성strong consistency 또는 최종 일관성eventual consistency을 필요로 하는가?
- 마이크로서비스는 읽기가 많거나 쓰기가 많은가? 아니면 둘 다 많은가?
- 데이터베이스를 수평 또는 수직으로 확장해야 하는가?

애플리케이션 플랫폼의 일부로 데이터베이스를 유지 관리하든, 마이크로서비스 개발 팀이 개별적으로 데이터베이스를 유지 관리하든 위 질문에 대한 답에 따라 데이터베이스를 선택해야 한다. 예를 들어 문제의 데이터베이스를 수평으로 확장해야 하거나 읽기와 쓰기를 병렬

---

2   카산드라(Cassandra), 버티카(Vertica), 몽고DB(MongoDB), 다이나모(Dynamo)와 레디스 및 리악(Riak)과 같은 키-밸류 스토어 (Key-value Store) 등이 있다.

로 수행해야 하는 경우 NoSQL 데이터베이스를 선택해야 한다. 왜냐하면 관계형 데이터베이스는 수평 확장과 병렬 읽기/쓰기에 문제가 있기 때문이다.

마이크로서비스 아키텍처에서의 데이터베이스 문제

마이크로서비스 아키텍처와 관련해 데이터베이스에는 몇 가지 문제가 있다. 데이터베이스가 마이크로서비스 간에 공유되면 자원 경쟁이 시작되고 일부 마이크로서비스는 사용 가능한 저장소를 공평하게 분배된 것보다 더 활용할지도 모른다. 공유 데이터베이스를 구축하고 유지 관리하는 개발자는 데이터 저장소에 대한 솔루션을 설계해야 한다. 이로써 데이터베이스를 사용하는 마이크로서비스가 추가 공간을 필요로 하거나 사용 가능한 모든 공간을 써버릴 위험이 있는 경우 데이터베이스를 쉽게 확장할 수 있다.

데이터베이스 연결에 대한 주의 사항

일부 데이터베이스는 동시에 열 수 있는 데이터베이스 연결 수를 엄격하게 제한한다. 따라서 서비스의 가용성과 마이크로서비스가 사용하는 데이터베이스의 가용성을 손상시키지 않도록 데이터베이스 연결을 적절하게 닫았는지 확인해야 한다.

특히 안정적이고 신뢰할 수 있는 개발 사이클 및 전개 파이프라인을 구축하고 표준화한 경우 종단간 테스트, 부하 테스트, 스테이징 단계에서 수행하는 테스트로부터 기록된 테스트 데이터를 취급할 때 마이크로서비스는 또 다른 문제에 자주 직면한다. 3장, '안정성과 신뢰성'의 '전개 파이프라인' 절에서 설명한 것처럼 전개 파이프라인의 스테이징 단계에는 데이터베이스에 대한 읽기 및 쓰기가 필요하다. 풀 스테이징을 도입한 경우 스테이징 단계에는 별도의 테스트 및 스테이징 전용의 데이터베이스가 있다. 하지만 파셜 스테이징에는 프로덕션 서버에 대한 읽기 및 쓰기 접근이 필요하므로 테스트 데이터를 적절하게 취급하도록 주의해야 한다. 명확하게 테스트 데이터로 표시해야 하며[3], 모든 테스트 데이터를 정기적으로 삭제해야 한다.

---

3   테스트 테넌시 과정

마이크로서비스 평가

이제 확장성 및 성능을 보다 잘 이해했으므로 다음 질문 목록을 사용해 마이크로서비스 및 마이크로서비스 생태계의 생산 준비성을 평가해보자. 질문은 4장의 각 절에 해당하는 주제별로 구성된다.

성장 규모 알기

- 마이크로서비스의 질적 성장 규모는 무엇인가?
- 마이크로서비스의 양적 성장 규모는 무엇인가?

자원의 효율적인 사용

- 마이크로서비스는 전용 또는 공유 하드웨어에서 실행되는가?
- 자원 추상화 및 자원 할당 기술을 사용하는가?

자원 인식

- 마이크로서비스에 필요한 CPU, RAM 등과 같은 자원 요구 사항은 무엇인가?
- 마이크로서비스 인스턴스는 얼마나 많은 트래픽을 처리할 수 있는가?
- 마이크로서비스 인스턴스는 얼마나 많은 CPU를 필요로 하는가?
- 마이크로서비스 인스턴스는 얼마나 많은 메모리를 필요로 하는가?
- 마이크로서비스와 관련된 다른 자원 요구 사항이 있는가?
- 마이크로서비스의 자원 병목 현상은 무엇인가?
- 마이크로서비스는 수직 및 수평 또는 둘 다 확장해야 하는가?

용량 계획

- 예정된 일정대로 용량 계획을 수행하는가?
- 신규 하드웨어를 구입하는 데 얼마나 걸리는가?
- 얼마나 자주 하드웨어를 요청하는가?
- 하드웨어를 요청할 때 마이크로서비스에 우선권이 있는가?
- 용량 계획을 자동화했는가? 아니면 수작업으로 하는가?

종속성 확장

- 마이크로서비스의 종속성은 무엇인가?
- 종속성이 있는 마이크로서비스는 확장 가능하고 효율적인가?
- 마이크로서비스의 예상되는 성장에 따라 종속성이 있는 다른 마이크로서비스에 대해 확장 가능한가?
- 종속성이 있는 마이크로서비스의 담당자는 마이크로서비스의 예상되는 성장에 대비하는가?

트래픽 관리

- 마이크로서비스의 트래픽 패턴을 잘 이해하고 있는가?
- 트래픽 패턴에 따라 예정된 일정대로 서비스의 변경이 이뤄지는가?
- 트래픽 패턴의 급격한 변화, 특히 트래픽의 폭발적인 증가를 신중하고 적절하게 처리하는가?
- 결함이 발생할 경우 트래픽을 다른 데이터센터로 자동으로 전송할 수 있는가?

작업 취급과 처리

- 마이크로서비스가 확장 가능하고 뛰어난 성능을 제공할 수 있는 프로그래밍 언어로 작성되는가?
- 마이크로서비스가 요청을 다루는 방식에 확장성 및 성능에 대한 제한이 있는가?
- 마이크로서비스가 작업을 처리하는 방식에 확장성 및 성능에 대한 제한이 있는가?
- 마이크로서비스 팀의 개발자는 서비스가 작업을 어떻게 처리하는지, 해당 작업을 얼마나 효율적으로 처리하는지, 작업 및 요청 횟수가 증가하면 서비스가 어떻게 동작할지 알고 있는가?

확장 가능한 데이터 저장소

- 마이크로서비스는 확장 가능하고 효율적인 방식으로 데이터를 처리하는가?
- 마이크로서비스는 어떤 유형의 데이터를 저장해야 하는가?
- 데이터에 필요한 스키마는 무엇인가?
- 필요한 초당 트랜잭션 횟수 또는 생성되는 초당 트랜잭션 횟수는?
- 마이크로서비스는 읽기 또는 쓰기에 대한 더 좋은 성능을 필요로 하는가?
- 읽기 요청이 많은가? 쓰기 요청이 많은가? 아니면 둘 다 많은가?
- 서비스의 데이터베이스는 수평 또는 수직으로 확장 가능한가? 복제 또는 파티셔닝 돼 있는가?
- 마이크로서비스는 전용 또는 공유 데이터베이스를 사용하는가?
- 서비스가 테스트 데이터를 취급하거나 저장하는 방법은 무엇인가?

5장

내결함성과 재난 대비

생산 준비된 마이크로서비스는 내결함성이 있으며 모든 재난에 대비한다. 마이크로서비스는 언제든지 동작하지 않을 수 있으며 마이크로서비스 동작 중 어느 시점에서든 발생 가능한 장애 시나리오가 잠재하고 있다. 마이크로서비스 생태계 전반에서 가용성을 확보하려면 장애에 대비해 세심하게 계획을 수립해 재난에 대비하고 마이크로서비스가 실시간으로 문제를 일으킬 수 있게 적극적으로 테스트를 수행함으로써 장애로부터 정상적으로 복구할 수 있다는 것을 보장한다.

5장에서는 단일 장애 지점과 일반적인 재난 및 장애 시나리오 방지, 장애 감지 및 복구, 다양한 형태의 복원력 테스트 시행, 장애 발생 시 조직 수준에서 사고 및 서비스 가동을 중단할 수 있는 방법에 대해 다룬다.

내결함성이 있는 마이크로서비스를 구축하는 원칙

현실적으로는 대규모 분산 시스템 구축에 있어 개별 구성 요소의 동작이 중단되는 일이 자주 발생한다. 마이크로서비스 생태계도 예외는 아니다. 가능한 모든 장애 시나리오는 마이크로서비스 동작 중 어느 시점에서든 발생할 수 있으며 이러한 장애는 마이크로서비스 생태계 내의 복잡하게 얽힌 종속성으로 인해 더 악화된다. 종속성 사슬에 있는 임의의 서비스에 문제가 발생하면 모든 업스트림 클라이언트가 문제를 겪고 시스템 전체의 종단간 가용성이 손상된다.

치명적인 장애를 완화하고 시스템 전체의 가용성을 손상시키지 않는 유일한 방법은 마이크로서비스 생태계 내의 모든 마이크로서비스는 내결함성이 있어야 하며 어떠한 재난에도 대비할 수 있어야 한다는 것이다.

내결함성이 있고 재난에 대비한 마이크로서비스를 구축하는 첫 번째 단계는 단일 장애 지점을 만들지 않도록 설계하는 것이다. 마이크로서비스 생태계의 어떠한 부분도 장애로 인해 시스템 전체를 중단시켜서는 안 되며 마이크로서비스의 아키텍처의 어떠한 부분도 문제가 발생할 때마다 마이크로서비스를 중단시키지 않아야 한다. 마이크로서비스와 그 위에 있는 추상 계층 모두에서 단일 장애 지점을 식별하면 대부분의 확연한 장애가 발생하는 것을 방지할 수 있다.

다음 단계는 장애 시나리오를 식별하는 것이다. 눈에 띄게 명백한 단일 장애 지점을 만들지 않도록 설계할 수 있다면 마이크로서비스에 어떠한 장애나 재난도 발생하지 않는다. 내결함성과 재난 대비의 기준을 만족하는 마이크로서비스는 내부 장애[1]와 외부 장애[2] 모두를 극복할 수 있어야 한다. 호스트 장애부터 데이터센터 전체의 장애, 데이터베이스에서 서비스의 분산 작업 대기열에 이르기까지 한 군데 이상에서 발생한 장애로 인해 마이크로서비스가 중단되는 상황은 많다. 이러한 상황은 마이크로서비스 자체와 마이크로서비스 생태계 전반의 복잡성에 따라 증가한다.

단일 장애 지점을 만들지 않도록 설계하고 대부분의 장애 발생 시나리오를 식별한 후에는 장애가 발생할 때 마이크로서비스를 정상적으로 복구할 수 있는지 여부를 확인하고 복원력이

---

1   마이크로서비스 자체 원인으로 인해 발생하는 장애
2   마이크로서비스 생태계의 다른 계층의 원인으로 인해 발생하는 장애

있는지 판단하기 위해 테스트를 수행해야 한다. 코드 테스트, 부하 테스트, 카오스 테스트를 통해 서비스의 복원력을 매우 철저하게 검사할 수 있다.

이 단계는 매우 중요하다. 복잡한 마이크로서비스 생태계에서 단순히 장애를 피해 설계하는 것만으로는 충분하지 않다. 심지어 최상의 완화 전략이라도 구성 요소에 문제가 발생하기 시작하면 완전히 쓸모없는 것으로 판가름날 수 있다. 진정으로 내결함성이 있는 마이크로서비스를 구축하는 유일한 방법은 시스템을 중단시킬 수 있는 요소에 대해 문제가 발생하도록 능동적이고 반복적으로 무작위 테스트를 수행해 생산 단계에서 실패하도록 밀어붙이는 것이다.

모든 장애를 예측할 수 있는 것은 아니다. 따라서 내결함성이 있고 재난에 대비한 마이크로서비스를 구축하는 마지막 단계는 조직적으로 대응하는 것이다. 장애 감지 및 완화 전략을 마련하고 모든 마이크로서비스 팀에서 표준화해야 하며 서비스에 대해 새로운 장애를 겪을 때마다 다시 발생하지 않도록 복원력 테스트군에 관련 테스트를 추가해야 한다. 마이크로서비스 개발 팀은 장애를 적절하게 다룰 수 있는 교육을 받아야 한다. 서비스 가동 중단 및 사고를 처리하는 것은 문제의 심각성이 어떻든 기술 조직 전체에서 표준화돼야 한다.

생산 준비된 서비스를 위한 내결함성 및 재난 대비 확인 사항

- 단일 장애 지점이 없다.
- 모든 장애 시나리오와 발생 가능한 재난을 식별한 상태다.
- 코드 테스트, 부하 테스트, 카오스 테스트를 통해 복원력을 검사한다.
- 장애 감지 및 복구 작업이 자동화돼 있다.
- 마이크로서비스 개발 팀 및 조직 전체에 사고 및 서비스 가동 중단에 대응하는 표준화된 절차가 마련돼 있다.

단일 장애 지점 방지하기

발생할 수 있는 장애 시나리오를 가장 먼저 찾을 수 있는 곳은 마이크로서비스의 아키텍처다. 마이크로서비스에 문제가 발생할 경우 마이크로서비스 전체를 중단시키는 서비스 아키텍처를 마이크로서비스의 단일 장애 지점으로 간주한다. 마이크로서비스 아키텍처의 어떤 부분도 서비스를 중단해서는 안 되지만 종종 그런 일이 발생한다. 사실 실세계 대부분의 마이크로서비스는 단 하나가 아닌 여러 개의 장애 지점이 있다.

사례: 단일 장애 지점의 메시지 중개자

실제 생산 환경에서 단일 장애 지점을 이해하려면 분산 작업 처리를 위해 레디스를 메시지 중개자로 사용하고 셀러리를 작업 처리자로 사용하는 조합의 파이썬으로 작성된 마이크로서비스를 고려할 수 있다.

작업을 처리하던 셀러리 작업자가 어떤 이유로 중단돼 작업을 완료할 수 없다고 가정해보자. 셀러리 작업자를 수정하는 동안에도 메시지 중개자 역할의 레디스는 작업을 다시 처리하려고 시도할 수 있기 때문에 반드시 장애 지점이라고 할 수 없다. 레디스는 셀러리 작업자가 중단되는 동안 계속 작동하고 대기열에 작업이 쌓인다. 해당 작업은 대기열에 대기하다가 셀러리 작업자가 다시 작동 및 실행되면 분배된다. 그러나 마이크로서비스는 초당 수천 개의 요청을 수신하면서 많은 트래픽을 처리하기 때문에 작업은 대기열에 지체되고 레디스 시스템의 한계 수용량을 가득 채우기 시작한다. 이런 상황에 도달하기도 전에 레디스 서버는 메모리가 부족해 작업 손실이 발생한다. 여러 마이크로서비스 간에 하드웨어를 공유하기 때문에 상황은 더욱 악화될 수 있다. 그러면 이러한 레디스 서버를 메시지 중개자로 사용하는 다른 마이크로서비스는 모든 작업을 처리하지 못하고 손실되고 만다.

이 예에서 살펴본 레디스 시스템은 단일 장애 지점이다. 필자가 마이크로서비스에서 단일 장애 지점을 식별하기 위해 개발자와 일해본 경험을 통해 실제로 많이 봐온 사례다.

실제로 마이크로서비스에 문제가 발생하면 장애 지점을 쉽게 식별할 수 있으며 마이크로서비스를 다시 가동하려면 마이크로서비스를 수정해야 한다. 그러나 마이크로서비스가 내결함성이 있고 가용성을 유지하려면 마냥 장애를 기다리는 것이 최선의 접근법은 아니다. 마이크로서비스 개발 팀과 함께 아키텍처를 검토하고 각 팀의 개발자에게 마이크로서비스의 아키텍처를 화이트보드에 그리도록 요청한 후 "마이크로서비스 아키텍처에 문제가 발생하면 어떻게 될까요?"라고 물으면서 아키텍처를 통해 소통하는 것이 서비스 가동 중단에 대한 책임을 떠맡기 전에 장애 지점을 발견하는 가장 좋은 방법이다(아키텍처 검토 및 단일 장애 지점 발견에 대한 자세한 내용은 7장, '문서화와 이해'의 '마이크로서비스의 이해' 절 참조).

장애 지점은 격리돼 있지 않다

마이크로서비스 생태계 내에서 다양한 마이크로서비스가 존재하는 복잡하게 얽힌 종속성 때문에 각각의 마이크로서비스 아키텍처에서의 장애 지점은 종종 전체 종속성 사슬에 대한 장애 지점이며 극단적인 경우에는 생태계 전체에 대한 장애 지점이다. 마이크로서비스 생태계 내에서 장애 지점은 격리된 것이 아니기 때문에 내결함성을 달성하려면 장애 지점을 식별 및 완화해서 설계하는 것이 필수적이다.

단일 또는 여러 개의 장애 지점이 식별되면 장애를 완화하고 가능하면 장애 지점을 만들지 않도록 설계해야 한다. 완전히 장애 지점을 만들지 않도록 설계하고 내결함성이 있는 것으로 대체되면 문제가 해결된다. 슬프게도 서비스에 문제가 발생하는 모든 상황을 항상 피할 수 없다. 가장 명백한 장애 지점조차도 피해 설계할 수 없는 상황이 있다. 예를 들어 기술 조직에서 일부 개발 팀에는 잘 동작하지만 임의의 서비스에 대해서는 단일 장애 지점을 나타내는 특정 기술의 사용을 요구하는 경우 단일 장애 지점을 만들지 않도록 설계하는 방법은 없을 수 있다. 단지 서비스를 내결함성이 있는 상태로 만들 때는 장애로 인한 부정적인 결과를 완화하는 방법을 찾는 수밖에 없다.

재난과 장애 시나리오

복잡한 시스템과 대규모 분산 시스템 아키텍처에 대해 알아야 할 사항은 다음과 같다. 어떤 방식으로든 시스템은 손상되고 장애가 발생할 수 있으며 시스템의 수명 기간 동안 시스템 장애는 거의 확실히 발생할 것이다.

마이크로서비스는 복잡한 시스템이다. 마이크로서비스는 마이크로서비스 생태계인 대규모 분산 시스템의 일부이므로 장애 및 재난을 피할 수 없다. 마이크로서비스의 RFC[Request for]

작성 이후부터 마이크로서비스가 더 이상 사용되지 않고 폐기되기까지 장애 및 재난은 거의 확실히 발생할 것이다. 재난은 항상 발생한다. 데이터센터의 랙이나 공조 시스템에 문제가 발생하거나 실수로 프로덕션 데이터베이스를 삭제하는 일이 발생한다. 대부분의 개발자가 받아들이는 것 이상으로 발생한다. 자연 재해로 인해 데이터센터 전체가 파괴되기도 한다. 있을 수 있는 모든 장애는 발생할 수 있다. 종속성에 문제가 발생하고 개별 서버가 작동하지 않고 라이브러리가 손상되거나 완전히 손실되고 모니터링되지 않거나 로그를 손실할 수 있다. 겉보기에 흔적도 없이 사라진다.

마이크로서비스 아키텍처에서 명백한 장애 지점을 식별 및 완화하고 가능한 한 장애 지점을 만들지 않도록 설계한 다음 단계는 마이크로서비스에 발생할 수 있는 다른 장애 시나리오와 잠재적인 재난을 식별하는 것이다. 장애 및 재난 유형을 네 가지 주요 범주로 나누고 마이크로서비스 생태계 층에서 체계적으로 정리할 수 있다. 가장 일반적인 재난 및 장애 시나리오는 하드웨어 장애, 인프라(통신 계층 및 애플리케이션 플랫폼 계층) 장애, 종속성 장애 및 내부 장애다. 이후 절에서 각 범주 내에서 가장 흔히 발생할 수 있는 장애 시나리오를 자세히 살펴본다. 우선 마이크로서비스 생태계의 모든 수준에 영향을 미치는 장애를 일으키는 몇 가지 일반적인 원인부터 살펴본다.

여기서 제시하는 있을 수 있는 장애 시나리오 목록은 완전하지 않다는 것에 유의해야 한다. 여기서는 가장 일반적인 시나리오를 제시하고 독자가 마이크로서비스 및 마이크로서비스 생태계의 영향을 받을 수 있는 장애 및 재난의 유형을 결정한 후 이 책에서 관련 주제를 다루는 다른 장을 참조할 것을 권장한다. 이 책 전체에서 다루는 생산 준비 기준을 도입하고 해당 요구 사항을 실행하면 대부분의 장애 문제를 피할 수 있다. 따라서 여기서 몇 가지 장애만 언급하고 이 책의 다른 장에서 다루는 장애에 대해서는 언급하지 않는다.

생태계 전반에서 흔히 발생하는 장애

마이크로서비스 생태계의 모든 수준에서 발생하는 장애가 있다. 보통 이런 유형의 장애는 기술 조직 전체에 표준화가 이뤄지지 않아 발생한다. 왜냐하면 실제로 기술적인 측면보다는 운영적인 측면이 있기 때문이다. 여기서 '운영 가능'하다는 것은 기술적인 장애보다 덜 중요하거나 덜 위험하다는 것을 의미하지 않는다. 또한 이런 유형의 장애를 해결하는 것은 기술 영역 내에 있지도 않고 마이크로서비스 개발 팀의 책임도 아니라는 것을 의미하지 않는다. 이런 유형의 장애는 가장 심각한 상태이고 기술적으로 가장 약화되는 결과를 가져오며 조직 내의 다양한 기술 팀 간 동조의 결여를 반영하는 경향이 있다. 이런 유형의 장애 중 가장 일반적인 것으로는 시스템 및 서비스 아키텍처 설계에 대한 불충분한 검토, 불완전한 코드 검토, 부실한 개발 과정, 불안정한 전개 절차 등이 있다.

시스템 및 마이크로서비스 아키텍처에 대한 설계를 충분히 검토하지 못하면 대규모의 복잡한 마이크로서비스 생태계에서 서비스를 제대로 설계할 수 없다. 이유는 간단하다. 개발자나 마이크로서비스 개발 팀 중 어느 누구도 인프라 및 마이크로서비스 생태계의 네 개 계층 모두에 대한 복잡성을 자세히 알 수 없기 때문이다. 새로운 시스템과 마이크로서비스를 설계할 때 마이크로서비스 생태계 전체의 복잡성을 고려해 시스템 또는 서비스를 어떻게 구축하고 실행해야 하는지 결정하기 위해 마이크로서비스 생태계의 각 계층에 해당하는 개발자를 설계 과정으로 끌어들여야 한다. 이렇게 하는 것은 향후 시스템 및 서비스의 내결함성을 위해 필수적이다. 그러나 시스템 또는 서비스를 처음 설계할 때 올바르게 동작하더라도 마이크로서비스 생태계가 빠르게 발전하기 때문에 1~2년 후 실제로 해당 인프라를 알아볼 수 없을 것이다. 따라서 조직의 각 부분에 대한 전문가와 함께 아키텍처를 정기적으로 검토하면 시스템 또는 마이크로서비스를 최신 상태로 유지하고 마이크로서비스 생태계 전체에 적합하도록 보장할 수 있다.[3]

장애를 흔히 일으키는 또 다른 원인으로는 불완전한 코드 검토가 있다. 이 문제는 마이크로서비스 아키텍처에만 국한되지 않는다. 마이크로서비스 아키텍처를 도입하면 문제가 악화되는 경향이 있다. 마이크로서비스 도입에 따른 개발자 속도 증가를 감안할 때 개발자는 자신의 코드 작성, 회의 참석, 서비스 운영에 필요한 모든 작업을 수행하는 것 외에도 매일 여러 번 팀의 동료가 작성한 새로운 코드를 종종 검토해야 한다. 이렇게 하면 업무 흐름이 거

---

3   아키텍처 검토에 대한 자세한 내용은 7장, '문서화와 이해' 참조

듭 끊기게 되며 전개 전 자신의 코드를 충분히 검토할 시간이 빠듯한 경우 다른 사람이 작성한 코드의 세부 사항에 대한 관심을 잃기 쉽다. 이로 인해 생산 환경에서 초래되는 수많은 버그, 서비스 및 시스템 장애를 유발하는 버그, 코드 검토를 제대로 했을 때 발견할 수 있었던 버그를 유발한다. 이 문제를 해결하는 데는 몇 가지 방법이 있지만 개발자 속도가 빠른 환경에서는 완전히 해결하기 어렵다. 각 시스템과 서비스에 대한 광범위한 테스트를 작성하고 신규 변경 사항을 생산 환경에 적용하기 전에 각각의 신규 변경 사항에 대해 광범위한 테스트를 수행하고 전개 전에 버그를 발견하지 못하면 개발 과정이나 전개 파이프라인에서 발견할 수 있도록 해야 한다. 즉, 불충분한 코드 검토는 장애의 두 가지 흔한 원인인 부실한 개발 과정이나 불안정한 전개 절차로 인해 발생한다.

잘못된 전개는 마이크로서비스 생태계에 서비스 가동 중단을 일으키는 주요 원인 중 하나다. '잘못된' 전개의 예로는 코드에 버그가 있거나 빌드가 깨진 경우 등을 들 수 있다. 부실한 개발 과정 및 불안정한 전개 절차로 인해 생산 환경에 장애를 초래하며 장애를 유발하는 문제가 전개되면 시스템 또는 서비스는 종속성이 있는 일부 또는 모든 마이크로서비스와 함께 중단된다. 코드 검토 절차에 대한 좋은 문화를 정착해 코드를 진지하게 검토하고 개발자가 팀원의 코드를 검토하는 데 집중할 수 있는 충분한 시간을 제공하는 개발 문화를 만드는 것이 이러한 유형의 장애를 피하는 첫 번째 단계다. 하지만 많은 장애가 여전히 발견되지 않는다. 심지어 최고 수준의 코드 검토자라 하더라도 코드 변경 사항이나 새로운 기능이 추가 테스트도 없이 생산 환경에서 어떻게 동작하는지를 정확하게 예측할 수 없다. 시스템 또는 서비스가 중단되기 전에 이러한 장애를 발견할 수 있는 유일한 방법은 안정적이고 신뢰할 수 있는 개발 절차 및 소프트웨어 전개 파이프라인을 구축하는 것이다. 안정적이고 신뢰할 수 있는 개발 절차 및 전개 파이프라인 구축에 대한 자세한 내용은 3장, '안정성과 신뢰성'에서 이미 다뤘다.

요약: 마이크로서비스 생태계 전반에 흔히 발생하는 장애

마이크로서비스 생태계의 모든 계층에서 가장 흔히 발생하는 장애는 다음과 같다.

- 시스템 및 서비스 아키텍처 설계에 대한 불충분한 검토
- 불완전한 코드 검토
- 부실한 개발 과정
- 불안정한 전개 절차

하드웨어 장애

마이크로서비스 생태계의 최하위 계층에는 하드웨어가 있다. 하드웨어 계층은 서버가 놓여 있는 랙, 서버가 실행되는 데이터센터와 클라우드 공급자의 경우 리전region 및 가용 영역 availability zone뿐 아니라 모든 인프라 및 애플리케이션 코드가 실행되는 실제 물리적인 컴퓨터로 구성된다. 하드웨어 계층에는 운영 체제, 자원 격리 및 자원 추상화, 구성 관리, 호스트 수준 모니터링, 호스트 수준 로깅도 포함된다.[4]

마이크로서비스 생태계의 하드웨어 계층 내에서는 많은 부분이 잘못될 수 있다. 단지 장애뿐 아니라 실제로 재난으로 인해 가장 큰 영향이 미치는 계층이다. 마이크로서비스 생태계의 가장 까다로운 계층이기도 하다. 하드웨어에 문제가 발생해 대안이 없다면 기술 조직 전체가 중단된다. 여기서 발생하는 재난은 순수한 하드웨어 장애를 말한다. 즉, 어떤 식으로든 서버가 중단되거나, 서버에 문제가 발생하거나, 랙 또는 데이터센터 전체에 문제가 발생한다는 것을 말한다. 하드웨어 장애로 인한 재난은 생각보다 자주 발생하며 장애가 발생하지 않도록 계획하고 장애 문제를 완화 및 방지해 마이크로서비스 생태계 및 각각의 마이크로서비스가 내결함성을 깆고 이러한 재난에 대비할 수 있도록 한다.

민하드웨어상의 하드웨어 계층 내에 다른 모든 것에도 문제가 발생할 수 있다. 서버를 운영하기 전에 프로비저닝해야 하며 프로비저닝에 문제가 있다면 새로운 시스템이나 경우에 따

---

4   마이크로서비스 생태계의 하드웨어 계층에 대한 자세한 내용은 1장, '마이크로서비스' 참조

라 오래된 시스템을 활용할 수 없다. 도커와 같은 자원 격리 기술이나 메소스 및 오로라^{Aurora}와 같은 자원 추상화 및 자원 할당 기술을 활용하는 많은 마이크로서비스 생태계도 중단될 수 있으며 이러한 장애로 인해 마이크로서비스 생태계 전체가 중단될 수 있다. 환경 설정 관리 문제나 환경 설정 변경으로 비롯된 장애도 매우 흔히 발생하며 종종 알아채기 어렵다. 모니터링 및 로깅도 형편없이 동작할 수 있으며 호스트 수준의 모니터링 및 로깅이 어떤 식으로든 동작하지 않는다면 문제를 완화하는 데 필요한 자료를 사용할 수 없으므로 시스템 가동 중단에 대한 조치를 어렵게 한다. 내부 및 외부 네트워크 장애도 발생할 수 있다. 마지막으로 주요 하드웨어 구성 요소의 작동 중단 시간 때문에 조직 전체에서 제대로 소통되더라도 마이크로서비스 생태계 전반에 걸쳐 가동이 중단될 수 있다.

요약: 흔히 발생하는 하드웨어 장애 시나리오

가장 흔히 발생하는 하드웨어 장애 시나리오는 다음과 같다.

- 호스트 장애
- 랙 장애
- 데이터센터 장애
- 클라우드 공급자 장애
- 서버 프로비저닝 장애
- 자원 격리 및 자원 추상화 기술 장애
- 관리되지 않은 환경 설정
- 환경 설정 변경으로 비롯된 장애
- 호스트 수준 모니터링의 장애 및 공백
- 호스트 수준 로깅의 장애 및 공백
- 네트워크 장애
- 가동 중단 시간
- 여분의 인프라 결여

통신 계층 및 애플리케이션 플랫폼 계층의 장애

마이크로서비스 생태계의 두 번째 및 세 번째 계층은 통신 및 애플리케이션 플랫폼 계층으로 구성된다. 통신 및 애플리케이션 플랫폼 계층은 하드웨어 계층과 마이크로서비스 계층 사이에 존재하며 생태계를 함께 묶는 접착제로써 하드웨어 계층과 마이크로서비스 계층을 연결한다. 통신 계층에는 네트워크, DNS, RPC 프레임워크, 엔드포인트, 메시징, 서비스 디스커버리, 서비스 레지스트리, 로드 밸런싱을 포함한다. 애플리케이션 플랫폼 계층은 셀프 서비스 개발 도구, 개발 환경, 테스트, 패키징, 배포, 빌드 도구, 전개 파이프라인, 마이크로서비스 수준 로깅, 마이크로서비스 수준 모니터링 등 마이크로서비스 생태계를 구축하고 실행하는 일상 업무에 중요한 모든 요소로 구성된다. 하드웨어 장애와 마찬가지로 통신 및 애플리케이션 플랫폼 계층에서 발생하는 장애는 회사 전체를 위태롭게 한다. 마이크로서비스 생태계 내의 개발 및 유지 관리에 관한 모든 측면에서 장애 없이 원활하게 실행된다고 믿는 이러한 시스템에 크게 의존하기 때문이다. 통신 및 애플리케이션 플랫폼 계층에서 가장 흔히 발생할 수 있는 몇 가지 장애를 살펴보자.

통신 계층 내에서는 네트워크 장애가 특히 많이 발생한다. RPC가 이뤄지는 내부 네트워크 장애나 외부 네트워크의 장애가 발생할 수 있다. 네트워크 관련 장애의 또 다른 유형은 방화벽 및 iptables의 부적절한 항목에 문제가 있기 때문에 발생한다. DNS 오류도 매우 흔히 발생한다. DNS 오류가 발생하면 통신이 중단될 수 있으며 DNS 버그 추적 및 진단은 다소 어려울 수 있다. 까다로운 마이크로서비스 생태계 전체를 함께 묶는 접착제인 RPC 통신 계층은 특히 모든 마이크로서비스와 내부 시스템을 연결하는 단 하나의 채널만 있는 경우 다소 악명 높은 장애의 또 다른 원인이다. 정상 상태 확인 및 기타 관련 모니터링을 서비스에 전달하는 데이터 처리 채널과 별개로 유지하기 위해 RPC 및 정상 상태 확인 전용 채널을 별도로 설정함으로써 문제를 다소 완화할 수 있다. 5장 앞부분의 레디스-셀러리^{Redis-Celery} 예제에서 간단히 언급했듯이 메시징 시스템은 중단될 수 있다. 메시징 대기열, 메시지 중개자, 작업 처리자는 백업 또는 대안 없이 마이크로서비스 생태계에 존재하므로 이에 의존하는 모든 서비스에 끔찍한 장애 지점 노릇을 한다. 서비스 디스커버리, 서비스 레지스트리, 로드 밸런싱의 장애도 발생할 수 있다. 이러한 시스템 중 일부가 중단되거나 대안 없이 가동 중단되면 트래픽을 적절하게 전송, 할당, 분배할 수 없다.

애플리케이션 플랫폼 내에서의 장애는 기술 조직이 개발 절차 및 전개 파이프라인을 구축하는 방식에 따라 다르지만 대체로 이러한 시스템은 마이크로서비스 생태계 내의 다른 서비스처럼 종종 형편없는 장애를 일으킬 수 있다. 개발자가 신규 기능을 개발하거나 기존 버그를 고치려고 할 때 개발 도구 및 환경이 올바르게 작동하지 않으면 생산 환경에 버그와 새로운 유형의 장애를 초래할 수 있다. 테스트, 패키징, 빌드, 배포 파이프라인에서 발생하는 모든 장애 또는 결점에 대해서도 마찬가지다. 패키지와 빌드에 버그가 있거나 패키지와 빌드를 제대로 구성하지 않으면 전개 활동에 문제가 발생할 것이다. 전개 파이프라인을 가용할 수 없거나, 버그가 발생하거나, 완선히 중단된 경우 전개 활동은 중단되고 신규 기능을 전개할 수 없으며 심각한 버그를 수정하기 어려울 수 있다. 마지막으로 마이크로서비스에 대한 모니터링 및 로깅에 공백이 있거나 장애가 있다면 문제를 분류하거나 문제가 되는 상황을 로깅하는 것이 불가능하다.

요약: 통신 및 애플리케이션 플랫폼에서 흔히 발생하는 장애

통신 및 애플리케이션 플랫폼에서 가장 흔히 발생하는 장애는 다음과 같다.

- 네트워크 장애
- DNS 오류
- RPC 장애
- 요청 및 응답의 부적절한 처리
- 메시징 시스템 장애
- 서비스 디스커버리 및 서비스 레지스트리 장애
- 부적절한 로드 밸런싱
- 개발 도구 및 개발 환경의 장애
- 테스트, 패키징, 빌드, 배포 파이프라인 장애
- 전개 파이프라인 장애
- 마이크로서비스 수준 로깅의 장애 및 공백
- 마이크로서비스 수준 모니터링의 장애 및 공백

종속성 장애

마이크로서비스 생태계의 최상위 계층인 마이크로서비스 계층에서의 장애는 (1) 특정 마이크로서비스 내부에 있는 문제로 인해 발생하는 것과 (2) 마이크로서비스 외부에 존재하는 마이크로서비스 종속성으로 인한 것으로 나눌 수 있다. 마이크로서비스 종속성에서 흔한 장애 시나리오부터 다뤄보자.

마이크로서비스 종속성 중 다운스트림 마이크로서비스의 장애 및 가동 중단은 매우 일반적이며 마이크로서비스의 가용성에 심각한 영향을 미칠 수 있다. 종속성 사슬에 있는 마이크로서비스 어느 하나라도 작동이 중단되면 보호 기능이 없는 경우 업스트림 클라이언트 모두 중단될 수 있다. 그러나 업스트림 클라이언트의 가용성에 부정적인 영향을 미치도록 항상 마이크로서비스가 완전히 중단될 필요는 없다. 단지 원-나인이나 투-나인스 가용성의 서비스 수준 협약을 지키지 못하는 경우 모든 업스트림 클라이언트 마이크로서비스의 가용성이 낮아질 것이다.

서비스 수준 협약을 지키지 못해 발생하는 실제 비용

임의의 마이크로서비스 때문에 업스트림 클라이언트가 서비스 수준 협약을 지키지 못할 수 있다. 원-나인 또는 투-나인스로 서비스 가용성이 낮아지면 모든 업스트림 클라이언트가 문제를 겪는다. 마이크로서비스의 가용성은 자체 가용성에 다운스트림 종속성의 가용성을 곱한 값으로 계산된다. 서비스 수준 협약을 지키지 못하는 것은 종종 간과되는 중요한 마이크로서비스 장애이며 해당 서비스에 의존하는 다른 모든 서비스의 가용성을 낮춘다.

종속성에서 흔히 발생하는 장애의 다른 유형은 임의의 서비스에 대한 응답 시간 초과, 종속성 있는 마이크로서비스 API 엔드포인트나 마이크로서비스 전체가 더 이상 사용되지 않거나 폐기[5]됨으로써 발생한다. 또한 마이크로서비스 개발이 빠르게 진행되는 특성 때문에 내부 라이브러리 및 마이크로서비스에 대해 버전을 관리하고 특정 버전으로 고정하는 것은 버그를 유발하거나 극단적인 경우 심각한 장애를 야기하기 쉽기 때문에 마이크로서비스 아키

---

5 사용 중단 또는 폐기와 관련해 모든 업스트림 클라이언트와 적절한 의사 소통이 없는 경우가 많다.

텍처에서 많은 어려움을 겪게 한다. 라이브러리와 서비스는 끊임없이 변하기 때문에 버전 관리와 함께 특정 버전에 고정하면 불안정하고 신뢰할 수 없고 때로는 안전하지 않은 버전을 사용하게 될 수도 있다.

서드파티의 서비스 및 라이브러리와 같은 외부 종속성에도 장애가 발생할 수 있다. 개발자는 외부 종속성을 전혀 통제할 수 없으므로 내부 종속성의 경우보다 장애를 발견 및 수정하기가 더 어려울 수 있다. 마이크로서비스 라이프사이클 초기부터 이러한 장애 발생 시나리오를 예측한다면 서드파티의 서비스 및 라이브러리에 의존하는 것과 관련된 복잡성을 적절하게 처리할 수 있다. 확고하고 안정적인 외부 종속성을 선택하고 완전히 필요하지 않으면 사용하지 말고 서비스에 대한 단일 장애 지점이 되지 않도록 해야 한다.

요약: 흔히 발생하는 종속성 장애 시나리오

가장 흔히 발생하는 종속성 장애 시나리오는 다음과 같다.

- 다운스트림 마이크로서비스의 장애 또는 가동 중단
- 내부 서비스 가동 중단
- 외부 서비스 가동 중단
- 내부 라이브러리 장애
- 외부 라이브러리 장애
- 서비스 수준 협약을 충족하지 못한 종속성
- API 엔드포인트 사용 중단
- API 엔드포인트 폐기
- 마이크로서비스 사용 중단
- 마이크로서비스 폐기
- 인터페이스 또는 엔드포인트 사용 중단
- 다운스트림 서비스에 대한 응답 시간 초과
- 외부 종속성에 대한 응답 시간 초과

마이크로서비스 내부 장애

마이크로서비스 생태계의 맨 위 계층에는 마이크로서비스가 있다. 좋은 개발 관행, 올바른 전개 관행, 개발 팀의 마이크로서비스 설계, 실행, 유지 관리 방식에 완전히 의존하기 때문에 개발 팀에게 가장 문제가 되는 장애가 존재한다.

마이크로서비스 계층 아래에 놓인 인프라가 비교적 안정적이라고 가정하면 마이크로서비스에서 발생하는 대부분의 사고 및 가동 중단은 거의 단독으로 발생한다. 비상 대기 근무 중인 개발자는 자신의 마이크로서비스 내의 문제와 장애에 대해 거의 전적으로 호출될 것이고 해당 마이크로서비스에서 문제와 장애가 발생한 근본 원인을 발견할 것이다. 즉, 임의의 마이크로서비스의 주요 지표가 변경되면 해당하는 마이크로서비스 개발자가 경고 알림을 받는다.[6]

불완전한 코드 리뷰, 적절한 테스트 커버리지의 부족, 전반적으로 좋지 못한 개발 절차[7]는 생산 환경으로 버그가 있는 코드를 전개하기에 이른다.[8] 이로 인한 장애는 마이크로서비스 팀 전반의 개발 절차를 표준화함으로써 피할 수 있다. 프로덕션 서버로 완전히 출시하기 전에 오류를 발견할 수 있는 스테이징 단계, 카나리아 단계, 생산 단계가 포함된 안정적이고 신뢰할 수 있는 전개 파이프라인이 없으면 개발 단계에서 수행한 테스트에서 발견하지 못한 문제로 인해 마이크로서비스, 마이크로서비스 종속성, 마이크로서비스 생태계에서 문제의 마이크로서비스에 의존하는 부분에 심각한 사고와 가동 중단을 야기할 수 있다.

마이크로서비스 아키텍처와 관련된 모든 사항은 데이터베이스, 메시지 중개자, 작업 처리 시스템 등을 포함해 문제가 발생할 수 있다. 또한 마이크로서비스 아키텍처와 관련해 마이크로서비스 내의 일반적인 특정 코드 버그로 인해 장애가 발생하고 부적절한 오류 및 예외 처리를 유발한다. 마이크로서비스에 문제가 발생하는 경우를 보면 처리되지 않은 예외 및 예외 감지 실행을 종종 간과한다. 마지막으로 트래픽 증가로 인해 예기치 않은 성장에 대비하지

---

6   모니터링, 로깅, 경고 알림, 마이크로서비스 주요 지표에 대한 자세한 내용은 6장, '모니터링' 참조

7   특히 표준화된 개발 사이클 부재

8   3장, '안정성과 신뢰성'의 '개발 사이클' 절 참조

못하면 서비스에 문제가 발생할 수 있다.[9]

요약: 흔히 발생하는 마이크로서비스 장애 시나리오

가장 흔히 발생하는 마이크로서비스 장애는 다음과 같다.

- 불완전한 코드 검토
- 형편없는 아키텍처 및 설계
- 적절한 단위 테스트 및 통합 테스트 결여
- 부적절한 전개
- 적절한 모니터링 결여
- 부적절한 오류 및 예외 처리
- 데이터베이스 장애
- 확장성 제한

복원력 테스트

단일 장애 지점을 설계하고 발생할 수 있는 장애 시나리오 및 재난을 식별하는 것만으로는 마이크로서비스의 내결함성을 보장하고 모든 재난에 대비할 수 없다. 내결함성을 진정으로 유지하려면 마이크로서비스 자체의 가용성, 클라이언트의 가용성, 전반적인 마이크로서비스 생태계의 가용성에 영향을 미치지 않으면서 정상적으로 장애를 복구할 수 있어야 한다. 마이크로서비스가 내결함성을 갖도록 하는 가장 좋은 방법은 영향을 미칠 수 있는 장애 시나리오에 대비하고 생산 환경에서 능동적이고 반복적으로 무작위 복원력 테스트를 수행해 문제를 찾는 것이다.

---

9   확장성 제한에 대한 자세한 내용은 4장, '확장성과 성능' 및 5장, '내결함성과 재난 대비'의 '부하 테스트' 절 참조

복원력이 있는 마이크로서비스는 마이크로서비스 생태계의 모든 계층에서 발생하는 장애[10]를 겪고 복구될 수 있다. 마이크로서비스의 내결함성을 평가하는 데는 여러 유형의 복원력 테스트를 사용할 수 있으며 서비스가 마이크로서비스 생태계 계층 내에 알려진 장애에 대비할 수 있다는 것을 보장한다.

첫 번째 유형의 복원력 테스트는 코드 테스트다. 코드 테스트는 네 가지 테스트로 구성된다. 구문, 코딩 스타일, 마이크로서비스의 구성 요소 및 구성 요소의 작동 방식, 복잡한 종속성 사슬 내 마이크로서비스의 수행 방식을 검사한다.[11]

두 번째 유형의 복원력 테스트는 부하 테스트다. 부하 테스트에서는 마이크로서비스에 더 많은 트래픽 부하를 노출시켜 트래픽 증가 시 마이크로서비스가 어떻게 동작하는지 확인한다. 세 번째 유형은 카오스 테스트이며 가장 중요한 복원력 테스트다. 카오스 테스트는 마이크로서비스가 생산 환경에서 능동적으로 테스트를 수행해 문제를 찾는 것이다.

코드 테스트

복원력 테스트의 첫 번째 유형은 코드 테스트다. 코드 테스트는 거의 모든 개발자와 운영 엔지니어에게 익숙하다. 마이크로서비스 아키텍처에서 코드 테스트는 마이크로서비스와 마이크로서비스 계층 하위에 있는 시스템 및 서비스를 포함하는 마이크로서비스 생태계의 모든 계층에서 수행돼야 한다. 마이크로서비스 외에도 서비스 디스커버리, 환경 설정 관리, 관련 시스템도 적절한 코드 테스트가 필요하다. 린트 테스트, 단위 테스트, 통합 테스트, 종단간 테스트를 포함해 여러 유형의 훌륭한 코드 테스트 사례가 있다.

---

10 하드웨어 계층: 호스트 또는 데이터센터 장애, 통신 계층: RPC 장애, 애플리케이션 계층: 전개 파이프라인의 장애, 마이크로서비스 계층: 종속성 장애, 부적절한 전개, 급격한 트래픽 증가

11 코드 테스트는 일반적으로 복원력 테스트군의 일부로 간주하지 않지만 두 가지 이유로 여기에 포함하고자 한다. 첫째, 내결함성과 재난 대비를 위해 매우 중요하기 때문이다. 둘째, 개발 팀이 모든 테스트 정보를 한곳에 보관하는 것을 선호한다는 것을 알았기 때문이다.

린트 테스트

구문 및 코딩 스타일 오류는 린트 테스트를 수행함으로써 발견한다. 린트 테스트는 코드상에서 수행하며 프로그래밍 언어 관련 문제를 포착한다. 프로그래밍 언어별[12] 코딩 스타일 지침을 준수하도록 작성할 수 있다.

단위 테스트

대부분의 코드 테스트는 단위 테스트를 통해 수행한다. 단위 테스트는 마이크로서비스 코드의 다양한 작은 단위에 대해 실행되는 작고 독립적인 테스트다. 단위 테스트의 목표는 서비스 자체의 소프트웨어 구성 요소[13]가 복원력이 있고 버그가 없는지 확인하는 것이다. 불행하게도 많은 개발자는 애플리케이션이나 마이크로서비스에 대한 테스트를 작성할 때만 단위 테스트를 고려한다. 단위 테스트는 그 자체로 좋은 테스트임에도 마이크로서비스가 실제 생산 환경에서 어떻게 동작하는지 평가하는 방법으로는 충분하지 않다.

통합 테스트

단위 테스트는 마이크로서비스의 작은 부분을 평가해 구성 요소의 복원력을 확인한다. 반면, 통합 테스트는 서비스 전체가 어떻게 동작하는지 검사한다. 통합 테스트에서는 단위 테스트를 통해 개별적으로 검사한 마이크로서비스의 작은 구성 요소를 결합해 검사하고 함께 동작해야 하는 경우 예상대로 동작하는지 확인한다.

종단간 테스트

모놀리식 애플리케이션 또는 독립 실행형 애플리케이션에 대한 단위 테스트와 통합 테스트는 복원력 테스트의 코드 테스트 측면을 구성하기에 충분하다. 그러나 마이크로서비스 아키텍처는 마이크로서비스, 클라이언트, 종속성이 있는 마이크로서비스 사이의 복잡하게 얽힌 종속성 때문에 코드 테스트 내에 새로운 수준의 복잡성을 초래한다. 클라이언트, 종속성

---

12 경우에 따라 팀별 또는 조직별로 다를 수 있다.

13 함수, 클래스, 메서드 등

과 관련해 마이크로서비스의 동작을 평가하기 위해 추가로 또 다른 테스트를 코드 테스트군에 추가해야 한다. 즉, 마이크로서비스 개발자는 실제 프로덕션 트래픽처럼 실행되는 종단 간 테스트, 마이크로서비스 클라이언트의 엔드포인트 테스트, 마이크로서비스 엔드포인트 테스트, 마이크로서비스 종속성의 엔드포인트 테스트, 데이터베이스 읽기 요청 테스트, 코드 변경 사항 때문에 발생할 수 있는 요청 흐름의 문제를 발견하기 위한 테스트를 구축해야한다.

코드 테스트 자동화

코드 테스트의 네 가지 유형인 린트 테스트, 단위 테스트, 통합 테스트, 종단간 테스트는 모두 개발 팀에서 작성해야 한다. 하지만 개발 사이클과 전개 파이프라인의 일부로 자동화해야한다. 코드 검토 절차를 통해 변경 사항을 만든 직후 개발 기간 동안 외부 빌드 시스템에서 단위 테스트와 통합 테스트를 수행해야 한다. 신규 코드 변경 사항이 단위 테스트 및 통합 테스트에 실패하면 해당 변경 사항은 전개 파이프라인에 생산 후보로 도입하지 말고 거절해야하며 개발 팀은 문제를 수정하기 위해 관심을 가져야 한다. 신규 코드 변경 사항이 단위 테스트와 통합 테스트를 모두 통과하면 신규 빌드를 생산 후보로써 전개 파이프라인에 보내야한다.

요약: 코드 테스트

생산 준비된 코드 테스트의 네 가지 유형은 다음과 같다.

- 린트 테스트
- 단위 테스트
- 통합 테스트
- 종단간 테스트

부하 테스트

4장, '확장성과 성능'에서 살펴봤듯이 생산 준비된 마이크로서비스는 확장성과 좋은 성능이 필요하다. 많은 수의 작업이나 요청을 동시에 효율적으로 처리해야 하며 향후 작업이나 요청의 증가를 준비해야 한다. 트래픽, 작업, 요청의 증가에 준비되지 않은 마이크로서비스는 점차적 또는 갑작스러운 증가로 인해 심각한 가동 중단 문제를 겪을 수 있다.

마이크로서비스 개발 팀의 관점에서 마이크로서비스에 대한 트래픽이 향후 어느 시점에 증가할 가능성이 높다는 것을 알면 트래픽의 양이 얼마나 증가하는지 알 수 있다. 따라서 잠재적인 문제 또는 장애를 피할 수 있도록 트래픽 증가에 대비해야 한다. 또한 마이크로서비스가 확장성의 한계에 도달하기 전까지 알 수 없는 확장성 문제와 병목 현상을 분명히 밝혀야 한다. 확장성 관련 사고와 가동 중단을 방지하고 향후 트래픽 증가에 대비하기 위해서는 부하 테스트를 통해 서비스의 확장성을 검사해야 한다.

부하 테스트의 기본 원칙

부하 테스트는 이름에서 연상되는 것과 마찬가지로 특정 트래픽 부하가 있는 상황에서 마이크로서비스가 어떻게 동작하는지를 검사하는 방법이다. 부하 테스트 중 목표로 하는 트래픽 부하를 선정한 후 마이크로서비스에 대해 테스트 용도로 해당 트래픽 부하를 발생시켜 마이크로서비스가 어떻게 동작하는지를 자세히 모니터링한다. 부하 테스트 중 마이크로서비스가 동작하지 않거나 문제가 발생하면 개발자는 부하 테스트에서 발생한 확장성 문제를 해결할 수 있다. 만약 부하 테스트를 수행하지 않았다면 확장성 문제를 미리 발견하지 못하기 때문에 향후 마이크로서비스 가용성에 해를 끼칠 수 있다.

부하 테스트는 이 책의 4장, '확장성과 성능'에서 다뤘던 성장 규모, 자원 병목 현상, 자원 요구 사항을 파악하는 데 쓸모가 있다. 개발 팀은 마이크로서비스의 질적 성장 규모 및 관련된 고수준 사업 지표로부터 마이크로서비스가 향후 처리해야 할 트래픽의 양을 파악할 수 있다. 개발자는 서비스가 처리할 것으로 예상되는 초당 요청 수 또는 초당 쿼리 수를 양적 성장 규모로부터 정확히 알 수 있다. 서비스의 자원 병목 현상 및 자원 요구 사항의 대부분을 식별하고 병목 현상이 발생하지 않도록 설계한다면 개발자는 양적 성장 규모인 향후 트래픽의 증가량을 많은 트래픽 부하를 다루기 위해 필요한 하드웨어 자원으로 변환하는 방법을 알게 될 것이다. 이후에는 확장성 요구 사항을 적용하고 부하 테스트를 통해 마이크로서비스가 예상되는 트래픽 증가에 대비할 수 있는지를 입증하고 보장할 수 있다.

이와 반대로 부하 테스트를 통해 양적 및 질적 성장 규모를 알아내고 자원 병목 현상 및 자원 요구 사항을 식별하고 종속성의 확장을 보장하고 향후 용량 요구 사항을 결정 및 계획하는 데 사용할 수 있다. 개발자는 부하 테스트를 통해 마이크로서비스의 확장성 및 확장성 제약 사항에 대한 깊은 통찰력을 얻을 수 있다. 특정 트래픽 부하가 있는 통제된 환경에서는 마이크로서비스, 마이크로서비스 종속성, 마이크로서비스 생태계가 어떻게 동작하는지를 측정할 수 있다.

스테이징 및 생산 단계에서의 부하 테스트 수행

전개 파이프라인의 각각의 단계마다 부하 테스트를 수행할 때 가장 효과적이다. 부하 테스트 체계 자체를 확인하고 테스트 트래픽 상황에서 원하는 결과를 보여주는지 확인하고 부하 테스트를 통해 생산 환경에서 야기할 수 있는 잠재적 문제를 파악하려면 전개 파이프라인의 스테이징 단계에서 부하 테스트를 수행해야 한다. 스테이징 환경이 프로덕션 서비스와 통신하는 파셜 스테이징을 사용하는 전개 파이프라인의 경우 스테이징 환경에서 부하 테스트를 수행할 때 통신하는 프로덕션 서비스의 가용성을 손상시키지 않도록 주의를 기울여야 한다. 스테이징 환경의 서비스가 생산 환경의 서비스와 통신하지 않는, 생산 환경의 완전한 복사본인 풀 스테이징을 포함하는 전개 파이프라인의 경우 풀 스테이징 환경에서 부하 테스트를 수행할 때 정확한 결과를 얻을 수 있도록 하기 위해서는 주의가 필요하다. 특히 스테이징 환경과 생산 환경 간의 호스트 수가 다르면 더욱 주의가 필요하다.

단지 스테이싱 단계에서만 부하 테스트를 수행하는 것으로는 충분하지 않다. 최고의 스테이징 환경[14]이더라도 여전히 생산 환경과 같지 않다. 스테이징 환경이 실세계는 아니며 생산

---

14 생산 환경과 완전히 동일하고 호스트의 수도 완전히 동일한 스테이징 환경

환경의 부하 테스트 결과를 완벽하게 나타내는 스테이징 환경은 드물다. 도달해야 하는 트래픽 부하를 안다면 종속성이 있는 서비스의 개발 팀은 교대로 비상 대기 근무를 수행한다. 스테이징 환경과 생산 환경에서는 반드시 부하 테스트를 수행해야 한다.

부하 테스트 시 종속성이 있는 서비스 및 팀에 알리기

부하 테스트에서 다른 프로덕션 서비스로 요청을 보내면 부하 테스트를 수행하면서 프로덕션 서비스의 가용성을 손상시키지 않도록 해당 서비스에 종속성이 있는 모든 서비스 및 팀에 알려야 한다. 종속성이 있는 서비스도 해당 트래픽 부하를 다룰 수 있다고 가정해서는 안 된다.

생산 환경에서의 부하 테스트는 위험할 수 있다. 마이크로서비스 및 그 종속성이 동작하지 않을 수 있기 때문이다. 부하 테스트가 위험한 이유는 본질적으로 동일하다. 대부분의 경우 목표로 하는 트래픽 부하에서 서비스가 어떻게 동작하는지 정확하게 알 수 없으며 종속성이 있는 서비스가 증가된 요청을 어떻게 다루는지 알지 못한다. 부하 테스트는 서비스에 대해 알려지지 않은 부분을 탐색하고 예상되는 트래픽 증가에 대비할 수 있는지를 확인하는 방법이다. 서비스가 생산 환경에서 한계에 도달하고 사건이 발생했을 때 부하 테스트를 신속하게 종료할 수 있는 자동화된 장치가 있어야 한다. 서비스의 제약 사항을 발견하고 해결해 수정 사항을 검사하고 전개한 후에 부하 테스트를 재개할 수 있다.

부하 테스트의 자동화

조직 내의 모든 마이크로서비스나 사업에 중요한 일부 마이크로서비스에 대해 부하 테스트가 필요한 경우 자체 설계 및 운영을 위해 부하 테스트의 이행 및 방법론을 개발 팀의 손에 맡겨버리면 시스템에 또 다른 장애 지점을 초래한다. 셀프 서비스 부하 테스트 도구 및 시스템은 마이크로서비스 생태계의 애플리케이션 플랫폼 계층에 속해 있어야 이상적이다. 이로써 개발자는 신뢰할 수 있고 공유되고 자동화된 중앙 집중식 서비스를 사용할 수 있다.

부하 테스트는 정기적으로 수행해야 하며 기술 조직의 일상 업무에 필수적인 요소로 간주해야 한다. 테스트 수행 일정은 트래픽 패턴과 연계해야 한다. 트래픽이 적을 때 생산 환경에서 원하는 트래픽 부하를 검사해야 한다. 트래픽이 최고조인 동안, 서비스의 가용성을 손상시키지 않도록 부하 테스트를 피해야 한다. 중앙 집중식 셀프 서비스 부하 테스트 시스템을 사용하는 경우 모든 서비스에 실행할 수 있고 신뢰할 수 있는 필수 테스트군을 통해 신규 테스트의 유효성을 검사하는 자동화된 절차를 갖추는 것은 많은 도움이 된다. 신뢰할 수 있는 셀프 서비스 부하 테스트 도구를 사용할 때 부하 테스트 도중에 마이크로서비스가 적절하게 동작하지 못하면 극단적인 경우 전개 작업을 진행할 수 없다. 여기서 가장 중요한 점은 수행한 모든 부하 테스트를 충분히 기록하고 내부에 공개함으로써 부하 테스트에서 발생한 문제를 신속하게 감지, 완화, 해결할 수 있다는 것이다.

요약: 부하 테스트

생산 준비된 부하 테스트의 요소는 다음과 같다.

- 초당 요청 횟수, 초당 쿼리 횟수, 초당 트랜잭션 횟수로 나타낸 질적 및 양적 성장 규모를 사용해 계산한 목표 트래픽 부하를 시험한다.
- 전개 파이프라인의 각 단계에서 실행한다.
- 부하 테스트 수행 시 모든 종속성이 있는 서비스 및 팀에 알린다.
- 완전히 자동화하고 기록하고 일정대로 수행한다.

카오스 테스트

5장에서는 마이크로서비스 생태계의 각 계층에서 발생할 수 있는 다양한 잠재적 장애 시나리오와 재난에 대해 살펴봤다. 코드 테스트를 통해 개별적인 마이크로서비스 수준에서 잠재적인 장애를 발견하는 방법과 부하 테스트를 통해 마이크로서비스 수준에서 확장성 제한으로 인해 발생하는 장애를 어떻게 발견하는지도 살펴봤다. 그러나 대부분의 장애 시나리오와 잠재적인 재난은 마이그로서비스 생태계의 다른 곳에서 발생하며 코드 테스트 및 부하 테스트로는 발견할 수 없다. 모든 장애 시나리오를 확인하고 잠재적인 재난으로부터 정상적으로 마이크로서비스를 복구할 수 있으려면 복원력 테스트 중 하나인 카오스 테스트를 추가로 수행해야 한다.

카오스 테스트에서는 생산 환경에서 마이크로서비스를 적극적으로 압박해 문제를 찾는다. 마이크로서비스가 장애를 극복할 수 있는 유일한 방법은 가능한 한 모든 경우와 모든 방식에서 동작하지 않는지를 확인하는 것이다. 즉, 모든 장애 시나리오와 잠재적인 재난을 식별해 생산 환경에서 발생하도록 강제해야 할 필요가 있다는 것을 의미한다. 각 장애 시나리오 및 잠재적인 재난에 대해 무작위로 계획된 테스트를 수행하면 복잡한 시스템 장애가 있는 실세계를 모방하는 데 도움이 될 수 있다. 개발자는 시스템의 일부가 계획대로 동작하지 않도록 밀어붙인다는 것을 알고 계획된 카오스 테스트 수행에 대비할 것이며 무작위로 계획된 테스트를 통해 예기치 못한 일을 겪을 수 있다.

책임이 막중한 카오스 테스트

카오스 테스트가 마이크로서비스 생태계를 망가뜨리지 않도록 하려면 카오스 테스트를 잘 제어해야 한다. 카오스 테스트 소프트웨어에 적절한 권한이 있는지, 모든 단일 이벤트를 기록하는지를 확인해야 한다. 그러면 마이크로서비스를 정상적으로 복구할 수 없는 경우나 카오스 테스트가 불량인 경우라도 문제의 원인을 밝히려는 노력을 기울이지 않아도 된다.

이 책에서 다루는 다른 시스템 및 부하 테스트와 마찬가지로 카오스 테스트를 서비스로 제공하는 것이 가장 좋다. 모든 개발 팀마다 임시방편의 다양한 방식으로 카오스 테스트를 수행하지 않아야 한다. 카오스 테스트를 자동화하고 일반적이면서도 서비스에 특정적인 테스트 군을 모든 마이크로서비스마다 수행하고 서비스가 동작하지 않을 조건을 추가로 발견할 수 있도록 개발 팀을 부추겨야 한다. 그런 다음 새롭게 발견한 조건에서 마이크로서비스에 문제가 발생하는지 확인하기 위한 새로운 카오스 테스트를 설계할 자원을 제공한다. 카오스 테스트 서비스를 포함한 마이크로서비스 생태계의 모든 부분이 카오스 테스트 기준을 충족할 수 있는지 확인하고 모든 개발 팀과 인프라 팀은 서비스와 시스템이 불가피한 장애로부터 복구할 수 있다는 확신이 들 때까지 각 마이크로서비스 및 인프라를 여러 번 반복해 시험한다.

마지막으로 카오스 테스트는 가장 강경하고 일반적인 사용자라 하더라도 클라우드 공급자가 서버를 운영하는 회사를 대상으로 수행하는 테스트가 아니다. 민하드웨어와 클라우드 공급자의 하드웨어 간의 장애 유형에 거의 차이가 없다. 클라우드에서 실행하기 위해 구축된 모

든 것은 민하드웨어에서도 똑같이 동작하며 그 반대도 마찬가지다. 시미안 아미Simian Army15
와 같은 오픈 소스 솔루션은 대다수의 회사에서 작동하지만 특정 요구 사항이 있는 조직은
자체 솔루션을 쉽게 구축할 수도 있다.

카오스 테스트의 예

일반적인 카오스 테스트는 다음과 같다.

- 임의의 마이크로서비스에 종속성이 있는 한 서비스의 API 엔드포인트를 비활성화한다.
- 종속성이 있는 서비스로 전송되는 모든 트래픽 요청을 중지시킨다.
- 네트워크 문제를 모방하기 위해 마이크로서비스 생태계의 다양한 부분 사이에 지연을 만든다. 클라
  이언트와 종속성이 있는 서비스, 마이크로서비스와 공유 데이터베이스, 마이크로서비스와 분산된 작
  업 처리 시스템 등의 사이에서 지연을 만든다.
- 임의의 한 데이터센터 또는 리전으로 전송되는 모든 트래픽을 중지시킨다.
- 한 대의 서버를 종료함으로써 무작위로 호스트를 제거한다.

장애 감지 및 복구

알려진 모든 장애 및 재난에 대해 마이크로서비스를 검사하는 복원력 테스트군 외에도 생산
준비된 마이크로서비스를 갖추려면 장애 발생 시 장애 감지 및 복구 계획을 수립해야 한다.
마이크로서비스 생태계 전반에 걸쳐 사고 및 가동 중단 문제를 분별, 완화, 해결할 수 있는
조직적 절차를 살펴볼 것이며 먼저 이 절에서는 여러 가지 기술적인 완화 전략에 중점을 둘
것이다.

장애가 발생할 때 장애를 감지하고 복구하기 위한 목표는 항상 사용자에게 미치는 영향을 줄
이는 것이다. 마이크로서비스 생태계에서 '사용자'는 서비스를 사용하고 있는 누구든지 될
수 있다. 서비스의 클라이언트와 같은 다른 마이크로서비스이거나 문제의 서비스가 고객을

---

15   사용자 정의가 가능한 표준 카오스 테스트군을 제공하는 도구다.

대면하는 경우라면 제품의 실제 고객일 수 있다. 새로운 전개 때문에 생산 환경에 문제가 되는 장애가 발생한 경우 사용자에게 미치는 영향을 줄일 수 있는 가장 효과적인 방법은 즉시 서비스의 최신 안정 빌드로 되돌리는 것이다. 최신 안정 빌드로 되돌리면 마이크로서비스는 최신 빌드에서 발생한 장애나 재난에 취약하지 않다고 알려진 상태로 되돌아간다. 저수준 구성에 대한 변경 사항도 동일하다. 코드 형태의 설정을 처리하고 다양한 릴리즈를 연속으로 전개하며 환경 설정 변경으로 인해 가동 중단이 발생하면 시스템은 최신의 안정적인 환경 설정으로 신속하고 간편하게 되돌릴 수 있어야 한다.

두 번째 장애 발생 완화 전략은 안정적인 대체 시스템을 가동하는 것이다. 마이크로서비스에 종속성이 있는 임의의 서비스가 작동 중지된 경우 해당 서비스의 엔드포인트가 중지된 것이라면 다른 엔드포인트로 요청을 보내고 해당 서비스 전체가 중지된 것이라면 다른 서비스로 요청을 보내는 것을 의미한다. 다른 서비스나 엔드포인트로 보낼 수 없는 경우 종속성이 있는 서비스의 문제가 완화될 때까지 요청을 대기열에 저장하거나 보유하는 방법이 필요하다. 문제가 데이터센터에 귀속되거나 장애가 발생할 때 안정적인 대체 시스템으로 장애를 조치하는 방법은 트래픽을 다른 데이터센터로 재전송하는 것이다. 장애를 처리할 수 있는 다양한 방법 중 다른 서비스나 데이터센터로 트래픽을 재전송하는 방법은 가장 현명한 선택이다. 트래픽을 재전송하기 쉽고 사용자에게 미치는 영향을 즉시 줄일 수 있다.

여기서 중요한 점은 '장애 감지 및 복구'의 장애 감지 측면에서 생산 준비된 모니터링[16]을 수행할 수 있다는 것이다. 시스템 장애를 감지하고 진단하는 일은 지긋지긋하며 개발자를 장애 감지 절차에 들여놓는 것은 시스템 전체에 대한 단일 장애 지점을 만든다. 이는 장애 복구에도 똑같이 적용된다. 대규모 마이크로서비스 생태계 내에서 이뤄지는 대부분의 복구 업무는 개발자가 거의 모든 작업에 많은 노력을 기울여 수작업으로 수행된다. 이는 시스템에 새로운 장애 지점을 초래한다. 장애 복구에 있어 인간이 실수할 잠재성과 가능성을 없애기 위해서는 모든 완화 전략을 자동화해야 한다. 예를 들어 서비스를 전개한 후 특정 상태 확인에 실패하거나 주요 지표가 주의가 필요하거나 위험한 임곗값에 도달하면 시스템은 자동으로 최신 안

16　실제로 모든 모니터링에 대한 자세한 내용은 6장, '모니터링' 참조

정 빌드로 되돌리도록 설계할 수 있다. 다른 엔드포인트, 마이크로서비스, 데이터센터로 재전송되는 트래픽도 이와 마찬가지다. 임의의 주요 지표가 특정 임곗값에 도달하면 트래픽을 자동으로 재전송하는 시스템을 구축해야 한다. 내결함성을 갖추려면 인간의 실수에 대한 잠재성과 가능성을 자동화하고 가능한 한 방지할 수 있어야 한다.

사고 및 가동 중단

이 책 전체에서 표준화의 목표로 마이크로서비스 및 전반적인 마이크로서비스 생태계의 가용성을 강조했다. 생산 준비 기준 및 관련 요구 사항을 도입함으로써 고가용성을 목표로 마이크로서비스 아키텍처를 설계, 구축, 운영할 수 있는 것은 필자가 각각의 생산 준비 기준을 도입하고 선택한 이유다. 그러나 개별 마이크로서비스와 마이크로서비스 생태계의 각 계층은 내결함성이 있고 재난에 대비할 수 있을 만큼 충분하지 않다. 개발 팀과 마이크로서비스 및 마이크로서비스 생태계에 책임이 있는 기술 조직은 사고 및 가동 중단이 발생했을 때 처리할 수 있는 적절한 조직 대응 절차를 마련해야 한다.

가용성은 마이크로서비스가 중단될 때마다 감소한다. 마이크로서비스 또는 마이크로서비스 생태계의 일부가 동작되지 않아 사고가 발생하거나 가동이 중단되면 멈춘 시간만큼 가용성에 불리하게 작용해 서비스 수준 협약을 충족하지 못한다. 서비스 수준 협약을 충족하지 못하고 가용성 목표를 달성하지 못하면 심각한 비용이 발생한다. 대부분의 회사에서 서비스 가동이 중단되면 회사에 막대한 재정적 비용이 발생한다. 비용은 대개 조직 내의 개발 팀 간에 정량화되고 나뉜다. 이 점을 염두에 둔다면 마이크로서비스의 가동 시간과 가용성에 악영향을 미치기 때문에 감지 시간, 완화 시간, 가동 중단 해결 시간을 얼마나 빨리 합산할 수 있고 회사에 비용이 얼마나 드는지 이해하기 쉽다.

적절한 분류

모든 마이크로서비스가 동일하게 만들어지는 것은 아니다. 장애로 인해 사업에 미치는 중요성과 영향에 따라 분류하면 사고 및 가동 중단 문제를 적절하게 분별, 완화, 해결하기 쉽다. 마이크로서비스 생태계에 수백 또는 수천 개의 마이크로서비스가 포함된 경우 일주일에 수십 또는 수백 건의 장애가 발생하며 마이크로서비스 중 10%만이 장애를 겪더라도 1,000개의 서비스가 있는 생태계에서는 여전히 100건이 넘는 장애가 발생한다. 모든 장애는 교대로 비상 대기 근무를 통해 적절하게 처리할 필요가 있지만 전원 비상 대기할 필요는 없다.

조직 전체에 일관되고 적절하며 효과적이고 효율적인 사고 및 가동 중단 대응 절차를 갖추려면 두 가지 작업을 수행하는 것이 중요하다. 첫째, 장애가 마이크로서비스 생태계에 미치는 영향에 따라 마이크로서비스 자체를 분류하면 다양한 사고와 장애의 우선순위를 정하기 쉽다. 이는 조직 내의 기술 자원과 하드웨어 자원 모두에 대한 자원 경쟁과 관련된 문제에도 도움이 된다. 둘째, 모든 단일 장애의 범위와 심각도를 조직 전체의 수준에서 이해할 수 있도록 사고 및 가동 중단 문제를 분류해야 한다.

마이크로서비스 분류

자원 경쟁 문제를 완화하고 적절한 사고 대응 조치를 취하기 위해 마이크로서비스 생태계 내의 마이크로서비스를 사업의 중요성에 따라 범주화하고 순위를 매길 수 있다. 처음에는 완벽하게 분류할 필요가 없다. 대략적인 분류 기준으로도 괜찮다. 핵심은 사업에 중요한 마이크로서비스를 가장 높은 우선순위와 영향력이 있는 것으로 표시한 후 다른 마이크로서비스는 가장 우선순위가 높은 마이크로서비스와의 긴밀한 정도에 따라 더 낮은 우선순위를 갖는 것이다. 인프라 계층은 언제나 우선순위가 가장 높다. 사업에 중요한 마이크로서비스가 사용하는 하드웨어, 통신, 애플리케이션 플랫폼 계층 내의 모든 요소는 마이크로서비스 생태계 내에서 우선순위가 가장 높아야 한다.

사고 및 가동 중단 분류

사고, 가동 중단, 장애를 나타내는 두 가지 축이 있다. 첫 번째는 사고, 가동 중단, 장애의 심각도, 두 번째는 영향을 미치는 범위다. 심각도는 문제가 되는 애플리케이션, 마이크로서비스, 시스템의 분류와 관련돼 있다. 사업이나 제품에 필수적인 고객과 대면하는 부분이 없다면 기능할 수 없듯이 마이크로서비스가 사업에 중요하다면 발생한 장애의 심각도는 해당 서비스의 범주에 대응된다. 한편, 범위는 장애에 영향을 받는 마이크로서비스 생태계의 규모와 관련돼 있으며 일반적으로 넓음, 중간, 좁음의 세 가지로 나뉜다. 넓은 범위의 사고는 사업 전체 또는 사용자 대면과 같은 외부 기능에 영향을 미치는 사고, 중간 범위의 사고는 서비스 자체나 서비스 및 일부 클라이언트에 영향을 미치는 사고, 좁은 범위의 사고는 클라이언트나 사업 또는 제품을 사용하는 외부 고객에 부정적인 영향을 미치지 않는 사고를 말한다. 즉, 심각도는 사업에 미치는 영향에 따라, 범위는 해당 사고가 미치는 영향이 지역 또는 전역인지에 따라 분류해야 한다.

실제로 어떤지 몇 가지 예제를 통해 살펴보자. 각 장애에 심각도를 0에서 4까지 네 단계로 지정한다. 0은 가장 심각한 사고 수준, 4는 가장 덜 심각한 수준이다. 범위의 수준은 넓음, 중간, 좁음으로 정할 것이다. 먼저 심각도와 범위를 분류하기 매우 쉬운 예제인 완전한 데이터센터 장애를 살펴보자. 데이터센터가 어떤 이유로 완전히 중단되면 사업 전체에 영향을 미치기 때문에 심각도는 분명히 0이며 이와 같은 이유로 범위는 넓다. 이제 다른 시나리오를 살펴보자. 제품에서 사업에 중요한 기능을 담당하는 마이크로서비스가 있다고 가정해보자. 이 서비스는 30분 동안 중단된다. 이러한 장애로 인해 서비스의 클라이언트 중 하나만 문제를 겪으며 마이크로서비스 생태계의 나머지는 영향을 받지 않는다고 가정해보자. 사업의 중요한 기능에 영향을 미치기 때문에 심각도는 0이며 사업 전체에 영향을 미치지 않고 서비스 자체 및 클라이언트 서비스에만 영향을 미치기 때문에 범위는 중간으로 분류할 수 있다. 마지막으로 새로운 마이크로서비스를 위한 템플릿을 생성하는 내부 도구를 고려해보자. 몇 시간 동안 가동 중지된 경우를 상상해보자. 어떻게 분류할 수 있을까? 새로운 마이크로서비스를 위한 템플릿을 생성하고 새로운 마이크로서비스를 구현하는 것은 사업에 있어 중요한 문제가 아니며 사용자 대면 기능에도 영향을 미치지 않으므로 심각도는 0이 아니다. 아마도 1

또는 2 중 하나일 것이다. 그러나 서비스 자체가 중지됐기 때문에 서비스의 심각도를 3으로 분류하고 해당 서비스가 장애로 인해 영향을 받는 유일한 서비스이기 때문에 서비스의 범위를 좁음으로 분류할 수 있다.

사고에 대응하는 다섯 단계

장애의 발생은 표준화된 사고 대응 절차가 마련돼 있는 시스템 전체의 가용성에 중요하다. 사고나 가동 중단이 발생했을 때 분명한 조치를 취하면 완화 시간과 해결 시간이 줄어들며 결국 마이크로서비스의 가동 중단 시간이 줄어든다. 오늘날 업계의 일반적인 사고 대응 및 해결 절차에는 분류, 완화, 해결의 세 가지 표준 단계가 있다. 그러나 마이크로서비스 아키텍처를 도입하고 고가용성 및 내결함성을 유지하기 위해서는 사고 대응 절차에 두 가지 단계를 추가로 도입해야 한다. 하나는 협의, 다른 하나는 후속 조치다. 따라서 그림 5-1과 같이 사고에 대응하는 파악, 협의, 완화, 해결, 후속 조치의 다섯 단계가 있다.

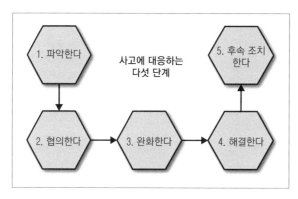

그림 5-1 사고에 대응하는 다섯 단계

문제 파악

서비스의 주요 지표[17]가 변경되면 경고 알림이 작동하고 서비스에 비상 대기 근무 중인 개발자가 경고 알림에 대응할 때마다 수행해야 하는 첫 단계는 사고를 야기한 문제를 파악하는 것이다. 비상 대기 근무 중인 개발자는 첫 번째 응답자로서 경고 알림이 발생하자 마자 모든 문제를 분류하고 문제의 심각성과 범위를 결정한다.

문제 협의

문제를 파악하고 분류한 다음 단계는 다른 개발자 및 팀과 먼저 협의해 사고에 대해 소통하는 것이다. 특정 서비스에 비상 대기 근무 중인 개발자가 서비스의 모든 문제를 해결하지는 못할 것이다. 문제를 해결할 수 있는 다른 팀과 협의하면 문제를 신속하게 해결할 수 있다. 즉, 심각도가 높고 미치는 범위가 넓은 문제를 즉시 조치할 수 있도록 사고 및 가동 중단에 대한 명확한 통신 수단이 필요하다.

사고나 가동 중단을 대응하는 동안 사고와 관련된 의사 소통을 명확하게 기록하는 것이 중요한 이유는 다음과 같다. 첫째, 사고에 대응하는 동안 채팅, 이메일 등으로 의사 소통한 내용을 기록해두는 것은 사고를 진단하고 근본 원인을 파악하고 문제를 완화하는 데 도움이 된다. 이로 인해 누가 어떤 수정 작업을 하는지, 장애 문제를 유발할 수 있는 원인이 무엇인지, 확인한 문제의 근본 원인이 정확히 무엇인지를 모두 알게 된다. 둘째, 사고나 가동 중단을 겪고 있는 서비스에 의존하는 다른 서비스에 문제를 알려 부정적인 영향을 최소화하고 자신의 서비스를 장애로부터 보호할 수 있다. 이는 전체적인 가용성을 높게 유지하고 하나의 서비스가 종속성 사슬 전체를 중단시키는 것을 방지한다. 셋째, 정확히 어떤 문제가 발생했는지, 문제를 어떻게 분류, 완화, 해결했는지에 대한 명확하고 상세한 기록을 제공함으로써 전역적으로 발생한 심각한 사고에 대해 사후 분석을 할 때 도움이 된다.

---

17 경고 알림, 주요 지표, 대기 업무 교대에 대한 자세한 내용은 6장, '모니터링' 참조

문제 완화

세 번째 단계는 문제를 완화하는 것이다. 개발자는 문제를 파악하고 문제를 수정할 적임자를 찾는 데 도움이 되도록 조직적으로 소통한 후 사고가 클라이언트, 사업 등에 미치는 영향을 줄이기 위해 노력해야 한다. 문제 완화는 문제 해결과 동일하지 않다. 문제의 근본 원인을 완전히 수정하는 것이 아니라 단지 문제가 미치는 영향을 최소화한다. 문제는 서비스와 클라이언트의 가용성이 더 이상 손상되거나 악화되지 않을 때 완화된다.

문제 해결

개발자는 사고 또는 가동 중단이 미치는 영향을 완화한 후 문제의 근본 원인을 해결하기 위해 노력한다. 이는 사고 대응 절차의 네 번째 단계다. 이는 실제로 문제의 근본 원인을 수정하는 것을 의미하며 문제 완화 단계에서 근본 원인을 수정하지 않았을 수도 있다. 가장 중요한 것은 시계를 멈추는 것이다. 마이크로서비스의 서비스 수준 협약에 불리하게 작용하는 가장 중요한 두 가지 수치는 감지 시간$^{TTD, time to detection}$과 완화 시간$^{TTM, time to mitigation}$이다. 문제를 완화한 후에는 더 이상 최종 사용자에게 영향을 미치지 않거나 서비스 수준 협약을 손상시키지 않기 때문에 해결 시간$^{TTR, time to resolution}$은 서비스 가용성에 영향을 미치지 않는다.

후속 조치

마지막으로 사고에 대응하는 다섯 번째 단계인 후속 조치 단계에서는 세 가지 사항이 필요하다. 사고 또는 가동 중단 문제를 분석하고 이해하기 위해 사후 분석이 필요하며 심각한 사고 및 가동 중단을 공유 또는 검토해야 하고 사후 조치 항목 목록을 작성해 개발 팀이 문제가 발생했던 마이크로서비스를 생산 준비된 상태로 되돌릴 수 있도록 해야 한다.

사고 후속 조치에서 가장 중요한 측면은 사후에 있다. 일반적으로 사후 조치는 모든 단일 사고 또는 가동 중단을 추적하고 발생한 사안 및 원인과 사후 대응 방안에 대한 주요 정보를 포함하는 상세 문서다. 모든 사후 조치에는 발생한 사안에 대한 요약과 자료[18], 세부 타임라인,

---

18   감지 시간, 완화 시간, 해결 시간, 전체 가동 중단 시간, 영향을 받은 사용자 수, 관련 그래프 및 차트 등

포괄적인 근본 원인 분석, 사고 예방 방법에 대한 요약, 향후 유사한 사고의 예방 방법, 서비스를 생산 준비된 상태로 되돌리기 위해 완료해야 하는 조치 항목을 포함해야 한다. 사후 조치는 어떠한 비난도 없이 이름을 밝히지 않은 채로 서비스에 대한 객관적 사실만 언급할 때 가장 효과적이다. 이름을 밝혀 지적하거나 가동 중단과 관련된 개발자를 비난하는 것은 신뢰할 수 있고 지속 가능한 마이크로서비스 생태계를 유지하는 데 필수적인 조직적인 학습과 공유를 방해한다.

대규모의 복잡한 마이크로서비스 생태계 내에서 임의의 마이크로서비스가 일으킨 장애는 문제가 크든 작든 마이크로서비스 생태계 내에서 최소한 하나 이상의 다른 마이크로서비스에 영향을 미칠 수 있다. 다양한 팀과 조직 전체에 걸쳐 심각한 사고 및 가동 중단을 알리는 것은 다른 서비스에서 이러한 장애가 발생하기 전에 문제를 파악하는 데 도움이 된다. 필자는 사고 및 가동 중단 검토를 적절하게 수행할 때 얼마나 효과적인지, 개발자들이 미팅에 참석한 후 사고 및 가동 중단으로 인해 검토했던 자신의 마이크로서비스의 버그를 서둘러 수정하는 것을 봤다.

마이크로서비스 평가

이제 내결함성 및 재난 대비에 대해 잘 이해했으므로 다음 질문 목록을 사용해 마이크로서비스 및 마이크로서비스 생태계의 생산 준비성을 평가해보자. 질문은 5장의 각 절에 해당하는 주제별로 구성된다.

단일 장애 지점 방지하기

- 마이크로서비스에 단일 장애 지점이 있는가?
- 하나 이상의 장애 지점이 있는가?
- 장애 지점을 만들지 않도록 설계할 수 있는가? 아니면 완화해야 하는가?

재난과 장애 시나리오

- 마이크로서비스의 장애 시나리오와 발생 가능한 재난을 확인했는가?
- 마이크로서비스 생태계 전반에 흔히 발생하는 장애는 무엇인가?
- 마이크로서비스에 영향을 미치는 하드웨어 계층의 장애 시나리오는 무엇인가?
- 마이크로서비스에 영향을 미치는 통신 계층 및 애플리케이션 계층 장애는 무엇인가?
- 마이크로서비스에 영향을 미치는 종속성 장애의 종류는 무엇인가?
- 마이크로서비스의 가동을 중단시키는 내부 장애는 무엇인가?

복원력 테스트

- 마이크로서비스는 린트 테스트, 단위 테스트, 통합 테스트, 종단간 테스트를 적절히 수행하는가?
- 마이크로서비스는 정기적으로 계획된 부하 테스트를 수행하는가?
- 카오스 테스트를 사용해 가능한 모든 장애 시나리오를 시행하고 검사하는가?

장애 감지 및 복구

- 사고와 가동 중단을 처리하기 위해 기술 조직 전체에 표준화된 절차가 있는가?
- 마이크로서비스의 장애 및 가동 중단은 사업에 어떤 영향을 미치는가?
- 명확하게 정의한 장애 수준이 있는가?
- 명확하게 정의한 완화 전략이 있는가?
- 사고와 가동 중단 문제가 발생할 때 개발 팀은 사고에 대응하는 다섯 단계를 따르는가?

6장

모니터링

생산 준비된 마이크로서비스는 모니터링을 적절하게 수행한다. 적절한 모니터링은 생산 준비된 마이크로서비스를 구축할 때 가장 중요한 부분 중 하나이며 더 높은 가용성을 보장한다. 6장에서는 모니터링할 주요 지표, 주요 지표 기록 방법, 주요 지표를 표시할 대시 보드 구축, 경고 알림 처리 방법, 비상 대기 근무의 성공 사례 등의 마이크로서비스 모니터링의 핵심 요소를 다룬다.

마이크로서비스 모니터링 원칙

마이크로서비스 생태계에서 대부분의 가동 중단 문제는 전개를 잘못했기 때문에 발생한다. 그다음으로 흔히 발생하는 가동 중단의 원인은 적절한 모니터링의 결여다. 왜 그런지는 쉽게 알 수 있다. 주요 지표를 추적하지 않는 경우 마이크로서비스의 상태를 알 수 없다면 실제 가동 중단이 발생할 때까지도 돌연 발생한 장애는 알려지지 않은 채 남아 있을 수 있다. 모니터링의 결여로 인해 마이크로서비스가 가동 중단되는 시점은 이미 가용성이 손상된 상태다. 이러한 가동 중단 기간 동안 완화 시간과 수리 시간이 늘어나기 때문에 마이크로서비스의 가용성은 훨씬 더 나빠진다. 마이크로서비스의 주요 지표에 쉽게 접근할 수 있는 정보가 없기 때문에 개발자는 문제에 신속하게 대처할 준비가 되지 않은 채 백지 상태에 직면한다. 이것이 바로 적절한 모니터링이 필요한 이유다. 적절한 모니터링은 개발 팀에 마이크로서비스에 관련된 모든 정보를 제공한다. 마이크로서비스를 제대로 감시하면 마이크로서비스의 상태는 모두 파악된다.

생산 준비된 마이크로서비스의 모니터링에는 네 가지 요소가 있다. 첫 번째 요소는 개발자가 현재 또는 과거 시점의 마이크로서비스의 상태를 파악할 수 있도록 관련돼 있거나 중요한 정보를 적절히 기록하는 것이다. 두 번째 요소는 마이크로서비스의 상태를 정확하게 반영하고 잘 설계된 대시보드를 사용하는 것이다. 회사의 누구나 대시보드를 보고 별 어려움 없이 마이크로서비스의 상태를 파악할 수 있도록 대시보드를 구성하는 것이다. 세 번째 요소는 모든 주요 지표에 대해 실행 가능하고 효과적인 경고 알림이다. 개발자는 가동 중단이 발생하기 전에 경고 알림을 통해 마이크로서비스의 문제를 쉽게 완화하고 해결할 수 있다. 마지막 네 번째 요소는 마이크로서비스의 모니터링을 담당하는 지속 가능한 비상 대기 순환 근무를 운영하고 관례화하는 것이다. 효과적인 로깅, 대시보드, 경고 알림, 비상 대기 근무를 통해 마이크로서비스의 가용성을 보호할 수 있다. 장애 및 오류는 마이크로서비스 생태계의 일부가 중단되기 전에 감지, 완화, 해결된다.

생산 준비된 서비스를 위한 모니터링 적절성 확인 사항

- 호스트, 인프라 마이크로서비스 수준에서 주요 지표를 식별하고 모니터링한다.
- 마이크로서비스의 과거 상태를 정확하게 나타내는 적절한 로깅을 제공한다.
- 대시보드는 쉽게 해석할 수 있으며 모든 주요 지표를 포함한다.
- 경고 알림은 실행 가능하며 신호를 제공하는 임곗값에 따라 정의한다.
- 모든 사고 및 가동 중단을 모니터링하고 대응하기 위한 전용의 비상 대기 순환 근무가 있다.
- 사고 및 가동 중단을 처리하기 위한 명확하고 잘 정의되고 표준화된 비상 대응 절차가 있다.

주요 지표

적절한 모니터링을 이루는 요소를 알아보기 전에 무엇을 모니터링해야 하는지를 정확하게 식별하는 것이 중요하다. 마이크로서비스를 모니터링한다는 것의 의미는 무엇일까? 마이크로서비스는 추적 관찰할 수 있는 개별적인 대상이 아니며 격리할 수도 없다. 실은 훨씬 복잡하다. 임의의 한 마이크로서비스는 수십 개 내지 수백 개의 서버에 전개되고 모든 서버 인스턴스에 걸쳐 실행된다. 이는 수량화하기가 쉽지 않다. 핵심은 마이크로서비스의 동작을 충분히 설명하는 데 필요한 마이크로서비스의 속성이 무엇인지 식별한 후 해당 속성이 변경됐다고 판단되면 마이크로서비스의 전반적인 상태를 알리는 것이다. 이러한 속성을 주요 지표라고 한다.

주요 지표에는 두 가지 유형, 즉 호스트 및 인프라 지표와 마이크로서비스 지표가 있다. 호스트 및 인프라는 인프라의 상태와 마이크로서비스를 실행하는 서버에 관련된 지표이며 마이크로서비스는 각각의 마이크로서비스에 특정적인 지표다. 1장, '마이크로서비스'에서 기술한 마이크로서비스 생태계의 네 개의 계층 관점에서 호스트 및 인프라는 계층 1~3에 속하는 지표이며 마이크로서비스는 계층 4에 속하는 지표다.

주요 지표를 두 가지 유형으로 구분하는 것은 조직적으로나 기술적으로 모두 중요하다. 호스트 및 인프라 지표는 종종 하나 이상의 마이크로서비스에 영향을 미친다. 예를 들어 특정 서버에 문제가 있고 여러 마이크로서비스 하드웨어 자원을 공유하는 마이크로서비스 생태계의 경우 호스트 수준의 주요 지표는 해당 호스트에 전개된 마이크로서비스를 담당하는 마이크로서비스 팀과 관련된다. 이와 마찬가지로 마이크로서비스 관련 지표는 해당 마이크로서비스를 담당하는 개발자가 속한 팀을 제외하면 누구에게도 해당되지 않거나 유용하지 않다. 팀은 담당하는 마이크로서비스와 관련된 호스트 및 인프라와 마이크로서비스에 대한 주요 지표를 모니터링해야 하며 다수의 마이크로서비스와 관련된 지표를 모니터링하고 해당 팀과 공유해야 한다.

마이크로서비스에 대해 모니터링해야 하는 호스트 및 인프라 지표에는 각 호스트에서 마이크로서비스가 사용하는 CPU 및 RAM, 사용 가능한 스레드, 마이크로서비스가 오픈open한

파일 기술자, 마이크로서비스가 사용하는 데이터베이스에 대한 연결 수가 있다. 주요 지표를 모니터링할 때는 각 지표의 상태가 인프라 및 마이크로서비스에 대한 정보를 포함하도록 한다. 즉, 모니터링은 특정 호스트상의 마이크로서비스에 대한 주요 지표 및 임의의 마이크로서비스가 실행되는 모든 호스트에 걸친 마이크로서비스에 대한 주요 지표의 상태를 개발자가 알 수 있을 정도로 충분히 세분화해야 한다. 예를 들어 개발자는 하나의 특정 호스트에서 마이크로서비스가 CPU를 얼마나 사용하는지, 실행 중인 모든 호스트에서 마이크로서비스가 CPU를 얼마나 사용하는지를 알 수 있어야 한다.

자원 추상화 후 호스트 수준의 지표를 모니터링하기

일부 마이크로서비스 생태계는 메소스와 같은 클러스터 관리 애플리케이션을 사용한다. 이러한 클러스터 관리 애플리케이션은 CPU, RAM 등의 자원을 호스트 수준에서 추상화한다. 따라서 개발자는 해당 환경에서 호스트 수준의 지표를 똑같이 사용할 수 없지만 마이크로서비스 전체에 대한 모든 주요 지표는 마이크로서비스 팀에서 여전히 모니터링할 수 있다.

마이크로서비스 수준에서 필요하고 충분한 주요 지표를 결정하는 것은 마이크로서비스를 작성한 특정 언어에 의존할 수 있기 때문에 좀 더 복잡하다. 예를 들어 각 언어마다 작업을 처리하는 특별한 방식이 있기 때문에 대다수의 경우에는 언어별 특징을 면밀히 모니터링해야 한다. 한편, uWSGI 작업자를 사용하는 파이썬 서비스를 사용하는 경우 uWSGI 작업자의 수는 적절한 모니터링을 위해 필수적인 주요 지표다.

언어별 주요 지표 외에도 서비스의 가용성, 서비스 수준 협약, 서비스 전체와 API 엔드포인트에서의 지연 시간, API 엔드포인트의 성공 여부, API 엔드포인트의 응답 횟수 및 평균 응답 시간, API 요청 발신 서비스(클라이언트) 및 요청 수신 엔드포인트, 처리된 것과 처리되지 않은 것을 모두 포함한 오류 및 예외, 종속성이 있는 서비스의 상태 등을 모니터링해야 한다.

중요한 것은 애플리케이션을 전개한 곳이 어디든 모든 주요 지표를 모니터링해야 한다. 즉, 전개 파이프라인의 모든 단계에서 모니터링해야 한다는 것이다. 새로운 프로덕션 후보를 프로덕션 트래픽을 운영하는 서버에 전개하기 전에 문제를 발견하려면 스테이징 단계에서 면밀히 모니터링해야 한다. 카나리아 전개 단계 및 생산 전개 단계에서 프로덕션 서버에 대한 모든 전개를 신중하게 모니터링해야 함은 두 말할 필요도 없다.[1]

마이크로서비스의 주요 지표를 식별한 다음 단계는 서비스에서 생성된 지표를 확보해두는 것이다. 주요 지표를 확보하고 기록해 그래프로 표시하고 경고 알림을 생성한다. 다음 절에서는 이러한 각 단계를 다룬다.

요약: 주요 지표

호스트 및 인프라 주요 지표는 다음과 같다.

- CPU
- RAM
- 스레드
- 파일 기술자
- 데이터베이스 연결

마이크로서비스 주요 지표는 다음과 같다.

- 언어별 지표
- 가용성
- 서비스 수준 협약
- 지연 시간
- 엔드포인트 성공 여부
- 엔드포인트 응답 횟수
- 엔드포인트 응답 시간
- 클라이언트 서비스
- 오류 및 예외
- 종속성

---

1   전개 파이프라인에 대한 자세한 내용은 3장, '안정성과 신뢰성' 참조

로깅

생산 준비된 모니터링을 이루는 첫 번째 구성 요소는 로깅이다. 로깅은 마이크로서비스의 코드베이스에 위치하고 있기 때문에 각 서비스의 코드 내부에 깊게 자리 잡아 마이크로서비스의 상태를 설명하는 데 필요한 모든 정보를 저장한다. 로깅의 궁극적인 목표는 실제로 최근 어느 시점에 있던 마이크로서비스의 상태를 기술하는 것이다.

마이크로서비스 아키텍처의 이점 중 하나는 개발자가 신규 기능 및 코드 변경 사항을 자유롭게, 자주 전개할 수 있다는 것이다. 새로 얻은 개발자의 자유와 개발 속도의 증가로 인해 마이크로서비스는 항상 변한다. 대부분의 경우 서비스는 며칠은커녕 열두 시간 전과 동일한 서비스가 아니며 문제를 재현하는 것도 불가능하다. 문제가 발생했을 때 사고 및 가동 중단의 근본 원인을 파악할 수 있는 유일한 방법은 로그를 샅샅이 뒤진 후에 마이크로서비스의 상태를 파악하는 것이다. 로깅은 개발자가 로그에서 정확히 무엇이 잘못됐는지, 어디가 동작하지 않았는지를 정확하게 파악할 수 있어야 한다.

마이크로서비스 버저닝 없이 로깅하기
보통은 마이크로서비스 버저닝을 권장하지 않는다. 왜냐하면 클라이언트 서비스가 최상 버전 또는 최신 버전이 아닌 특정 버전의 마이크로서비스에 고정될 수 있기 때문이다. 버저닝을 하지 않으면 장애나 가동 중단이 발생했을 때 마이크로서비스의 상태를 판단하는 것이 어려울 수 있지만 철저하게 로깅하면 문제가 되는 것을 방지할 수 있다. 적절히 로깅하면 가동 중단에 직면해 있던 마이크로서비스의 상태를 충분히 파악할 수 있기 때문에 버저닝을 하지 않더라도 신속하고 효과적으로 문제를 완화하고 해결하는 데 지장을 주지 않는다.

정확히 무엇을 기록할지 결정하는 것은 마이크로서비스에 따라 다르다. 무엇을 기록할지 결정하는 가장 좋은 지침은 주어진 시간에 서비스 상태를 설명하는 필수 정보를 기록하는 것인데, 이는 유감스럽게도 다소 모호하다. 운 좋게도 로깅을 서비스 코드에 포함될 수 있는 것으로 제한함으로써 어떤 정보가 필요한지에 대한 범위를 좁힐 수 있다. 호스트 수준 및 인프라 수준의 정보는 애플리케이션 자체가 아니라 애플리케이션 플랫폼을 실행하는 서비스 및 도구에 의해 기록된다. 해시된 사용자 ID, 요청, 응답 세부 정보와 같은 마이크로서비스 수준의 일부 주요 지표 및 정보는 마이크로서비스 로그에 위치할 수 있어야 한다.

물론 결코 기록해서는 안 되는 것이 있다. 로그에는 고객 이름, 사회 보장 번호, 기타 개인 데이터와 같은 개인 식별 정보 그리고 비밀번호, 접근 키, 기밀 사항 같은 보안 위험을 나타낼 수 있는 정보를 포함해서는 안 된다. 대부분의 경우 사용자 ID 및 사용자 이름과 같이 겉보기에 무해한 것조차도 암호화하지 않은 채로 기록해서는 안 된다.

때로는 마이크로서비스 수준의 로깅만으로는 충분하지 않을 수 있다. 이 책의 전반에 걸쳐 다루듯이 마이크로서비스는 단독으로 존재하는 것이 아니라 마이크로서비스 생태계 내의 클라이언트 및 종속성의 복잡한 사슬 안에 존재한다. 개발자는 자신의 서비스에 중요하고 관련돼 있는 모든 것을 기록하고 모니터링하기 위해 최선을 다할 수 있지만 클라이언트 전체와 종단간 종속성 사슬을 통해 요청 및 응답을 추적하고 로깅하면 마이크로서비스 생태계의 총 지연 시간 및 가용성과 같은 알 수 없는 시스템에 대한 중요한 정보를 밝힐 수 있다. 이러한 정보에 접근하고 가시화하기 위해 생산 준비된 마이크로서비스 생태계를 구축하려면 마이크로서비스 생태계의 계층 전체에 걸쳐 클라이언트의 요청을 추적해야 한다.

독자는 이 시점에서 많은 정보를 기록해야 한다는 것을 알아차렸을 것이다. 로그는 데이터이며 로깅은 비용이 많이 든다. 저장 비용 및 접근 비용이 높고 로그 저장 및 접근은 네트워크를 통해 값비싼 호출을 하는 것과 관련된 추가 비용이 든다. 로그를 저장하는 비용은 각각의 마이크로서비스에 대해 그리 좋지 않을 수 있지만 마이크로서비스 생태계 내의 모든 마이크로서비스에 대한 로깅 수요를 합한 비용이 오히려 높다.

로그와 디버깅

생산 환경으로 전개할 코드에 디버깅 로그를 추가해서는 안 된다. 이러한 로그에는 많은 비용이 든다. 디버깅할 의도를 갖고 특별히 로그를 추가한 경우 개발자는 이러한 추가 로그가 포함된 모든 브랜치나 빌드가 생산 환경에 영향을 미치지 않도록 세심한 주의를 기울여야 한다.

로깅은 확장 가능하고 사용할 수 있어야 하며 쉽게 접근 가능하고 검색할 수 있어야 한다. 로그 비용을 낮추고 확장성 및 고가용성을 보장하기 위해 무엇을 기록할지, 마이크로서비스마다 얼마나 많은 로그를 저장할 수 있는지, 얼마나 오랫동안 로그를 삭제하지 않고 저장하고 있을지에 대한 제한 사항 및 기준과 함께 서비스별 로깅 할당량을 도입해야 한다.

대시보드

모든 마이크로서비스에는 하드웨어 사용률, 데이터베이스 연결, 가용성, 지연 시간, 응답, API 엔드포인트 상태와 같은 모든 주요 지표를 수집하고 표시하는 대시보드가 적어도 하나는 있어야 한다. 대시보드는 마이크로서비스에 대한 가장 중요한 정보를 모두 반영하도록 실시간으로 갱신되는 도표로 표시된다. 대시보드는 마이크로서비스 생태계 전반에 걸쳐 쉽게 접근 가능하고 중앙 집중화되며 표준화돼야 한다.

외부인이 마이크로서비스의 상태를 신속하게 판단할 수 있도록 대시보드를 쉽게 해석할 수 있어야 한다. 누구든지 대시보드를 보고 마이크로서비스가 올바르게 동작하는지 여부를 즉시 알 수 있어야 한다. 이를 위해서는 대시보드를 효율적으로 표현하지 못하거나 쓸모없는 것으로 만들지 않도록 정보가 지나치게 많지 않을 정도로 충분히 표시해야 한다. 즉, 주요 지표에 대한 최소한의 정보만 표시해야 한다.

대시보드는 마이크로서비스 전체의 모니터링에 대한 전반적인 특성을 정확하게 반영해야 한다. 다음 절에서 다루겠지만 대시보드에는 감시해야 할 주요 지표를 포함시켜야 한다. 대시보드에서 주요 지표를 제외하면 서비스를 제대로 감시할 수 없을 것이고, 필요하지 않은 항목을 포함하면 결과적으로 최상의 상황에 대한 경고 알림과 감시를 할 수 없을 것이다.

중요하지 않은 항목을 포함하지 않는 규칙에는 몇 가지 예외가 있다. 주요 지표 외에도 전개 파이프라인의 각 단계에 대한 정보를 표시해야 한다. 이때 반드시 동일한 대시보드 내에 표시할 필요는 없다. 다수의 주요 지표를 모니터링해야 하는 마이크로서비스를 담당하는 개발자는 각 전개 단계마다 마이크로서비스의 상태를 정확하게 반영하기 위해 전개 단계별로 별도의 대시보드[2]를 설정할 수 있다. 이와 동시에 서로 다른 빌드가 전개 단계에서 실행되기 때문에 대시보드에서 마이크로서비스의 상태를 정확하게 반영하려면 특정 전개 단계의 마이크로서비스 상태를 반영할 용도로 대시보드를 고안해야 할 수도 있다. 전개 단계별 마이크로서비스는 거의 서로 다른 마이크로서비스나 적어도 마이크로서비스의 다른 인스턴스로 취급된다.

대시보드 및 가동 중단 감지

대시보드는 마이크로서비스의 주요 지표의 이상 현상 및 부정적인 경향을 분명히 보여줄 수 있지만 개발자는 사고 및 가동 중단을 감지하기 위해 마이크로서비스의 대시보드를 볼 필요가 없다. 이는 경고 알림 및 전반적인 모니터링에 대한 결함을 초래하기 때문에 반면교사로 삼아야 한다.

신규 전개로 인한 문제를 파악하는 데 도움이 되도록 전개를 개시한 시간 정보를 대시보드에 포함하는 것이 좋다. 이를 달성하는 가장 효과적이고 유용한 방법은 각 주요 지표의 그래프 내에 전개 시간을 표시하는 것이다. 이렇게 하면 개발자는 전개 후에 그래프를 신속하게 확인해 주요 지표에서 이상한 패턴이 나타나는지 확인할 수 있다.

또한 잘 설계된 대시보드는 개발자가 이상을 감지하고 주의 임곗값을 결정할 수 있도록 쉽고 시각적인 방법을 제공한다. 주요 지표의 변경이나 어긋난 상황이 매우 미미하거나 점진적으로 이뤄지면 경고 알림이 발생하지 않을 위험이 있지만 정확한 대시보드를 면밀히 살펴보면 달리 감지되지 않을 수 있는 이상 현상을 발견할 수 있다. 다음 절에서 다루는 임곗값 경고 알림을 결정하기는 매우 어렵지만 대시보드에 기록된 과거 데이터를 검토하면 적절하게 설정할 수 있다. 개발자는 주요 지표에서 정상적인 패턴을 보고 과거에 가동 중단으로 이어지거나 가동 중단으로 인해 발생한 지표의 이상 현상에 따라 임곗값을 설정할 수 있다.

---

2   스테이징 대시보드, 카나리아 대시보드, 생산 대시보드

경고 알림

생산 준비된 마이크로서비스 모니터링의 세 번째 요소는 실시간 경고 알림이다. 장애를 유발할 수 있는 주요 지표 내의 변경 감지 및 장애 감지는 경고 알림을 통해 수행된다. 이를 위해 호스트 수준의 지표, 인프라 지표, 마이크로서비스별 지표와 같은 모든 주요 지표에 대해 경고 알림을 제공해야 하며 다양한 임곗값으로 경고 알림을 설정해야 한다. 효과적이고 실행 가능한 경고 알림은 마이크로서비스의 가용성을 보존하고 가동 중지를 방지하는 데 필수적이다.

효과적인 경고 알림 설정

경고 알림은 모든 주요 지표에 대해 설정해야 한다. 가동 중단을 초래하거나, 지연 시간이 급격하게 늘어나거나 마이크로서비스의 가용성에 해를 입힐 수 있는 호스트 수준, 인프라 수준, 마이크로서비스 수준에서의 주요 지표가 변경되면 경고 알림을 발생시켜야 한다. 중요한 점은 주요 지표가 표시되지 않을 때에도 경고 알림을 발생시켜야 한다는 것이다.

모든 경고 알림은 쓸모가 있어야 하며 타당한 신호를 제공하는 임곗값으로 정의해야 한다. 각 주요 지표에 대해 정상, 주의, 위험에 대한 임곗값을 설정해야 하며 상한 및 하한 경곗값으로 이뤄져야 한다. 정상 임곗값은 각 주요 지표의 일반적이고 적절한 상한 및 하한을 나타내므로 경고 알림을 발생시켜서는 안 된다. 각 주요 지표에 대한 주의 임곗값은 마이크로서비스에 문제를 일으킬 수 있는 기준에서 벗어날 때 경고 알림을 발생시킨다. 즉, 주의 임곗값은 기준을 벗어난 경우 가동 중단을 유발하거나 마이크로서비스에 부정적인 영향을 미치기 전에 경고 알림을 발생하도록 설정해야 한다. 위험 임곗값은 실제로 가동 중단을 야기하거나 지연 시간이 급증하거나 마이크로서비스의 가용성을 해치는 것을 기반으로 주요 지표의 상한 및 하한 경계를 설정해야 한다. 이상적인 세계에서는 주의 임곗값을 통해 경고 알림을 발생시켜 위험 임곗값에 도달하기 전에 신속하게 문제를 감지, 완화, 해결한다. 각 범주에서 임곗값은 잡음을 피할 수 있을 만큼 충분히 높게 잡되 주요 지표와 함께 실제 문제를 모두 발견할 만큼 낮아야 한다.

마이크로서비스의 라이프사이클 초반에 임곗값 결정하기

주요 지표의 임곗값을 과거 데이터 없이 설정하기가 매우 어려울 수 있다. 마이크로서비스 라이프사이클 초기에 설정된 임곗값은 쓸모없거나 너무 많은 경고 알림을 발생시킬 위험이 있다. 신규 마이크로서비스 또는 이전 서비스에 대한 적절한 임곗값을 결정하려면 개발자는 어디에 임곗값을 둬야 할지 판단하기 위해 마이크로서비스에 대한 부하 테스트를 수행할 수 있다. 마이크로서비스에 '정상적인' 트래픽 부하를 시험하면 정상 임곗값을 결정할 수 있는 반면, 예상보다 큰 트래픽 부하를 시험하면 주의 임곗값 및 위험 임곗값을 결정하는 데 도움이 된다.

모든 경고 알림은 실행 가능해야 한다. 실행 가능하지 않은 경고 알림은 중요하지 않거나, 관련이 없거나, 마이크로서비스에 문제가 있다는 것을 나타내지 않거나, 개발자가 해결할 수 없는 문제에 대해 경고 알림을 발생시킨다. 따라서 마이크로서비스에 대해 비상 대기하는 개발자가 경고 알림을 발생시킨 후 문제를 해결하거나 무시한다. 비상 대기 근무 중인 개발자가 즉시 대응할 수 없는 경고 알림은 경고 풀에서 제거하고 관련된 비상 대기 순환 근무로 재할당하거나 가능하다면 경고 알림을 변경해 실행 가능하게 만들어야 한다.

주요 마이크로서비스 지표 중 일부는 실행 가능하지 않을 위험이 있다. 예를 들어 종속성이 있는 서비스에 가동 중단 문제가 발생하거나 지연 시간 또는 가동 중단 시간의 증가로 인해 클라이언트의 조치가 필요 없다면 종속성의 가용성에 대한 경고 알림은 실행 불가능하기 쉽다. 조치를 취할 필요 없는 경우에는 임곗값을 적절하게 설정해야 하며 보다 극단적인 경우라면 종속성에 대한 경고 알림을 설정할 필요가 없다. 그러나 문제를 알리거나 완화 및 해결책을 협의하기 위해 종속성이 있는 서비스에 대해 비상 대기 근무 개발자 또는 개발 팀에 연락하는 정도로 조금이라도 조치를 취해야 할 경우 경고 알림을 발생시켜야 한다.

경고 대응

경고 알림이 발생하면 신속하고 효과적으로 대응해야 한다. 촉발된 경고의 근본 원인을 완화하고 해결해야 한다. 경고를 신속하고 효과적으로 처리하기 위해 수행할 수 있는 몇 가지 단계는 다음과 같다.

첫 번째 단계는 알려진 경고에 대해 단계별 지침을 만드는 것이다. 각 지침은 경고를 분류, 완화, 해결하는 방법에 대해 자세히 설명한다. 이러한 단계별 경고 알림 지침은 중앙 집중식으로 관리하는 마이크로서비스 문서 중 비상 대기 근무 설명서에 있어야 하며 마이크로서비스에 비상 대기 근무 중인 누구나 쉽게 접근할 수 있어야 한다.[3] 설명서는 마이크로서비스 모니터링에 매우 중요하며 비상 대기 근무 개발자가 각 경고의 근본 원인을 완화하고 해결하는 방법에 대한 단계별 지침을 제공한다. 경고 알림은 주요 지표의 이상 현상과 관련돼 있기 때문에 설명서는 주요 지표, 기준에서 벗어난 알려진 원인, 문제를 디버깅하는 방법을 다룰 수 있도록 작성하는 것이 좋다.

두 가지 유형의 비상 대기 근무 설명서를 작성해야 한다. 첫 번째는 기술 조직 전체에 공유해야 하는 호스트 수준 및 인프라 수준의 경고 알림에 대한 설명서다. 모든 주요 호스트 수준 및 인프라 수준에 대해 작성해야 한다. 두 번째는 주요 지표가 변경되면 촉발되는 마이크로서비스별 경고에 대한 단계별 지침이 있는 특정 마이크로서비스의 비상 대기 근무 설명서다. 예를 들어 지연 시간의 급격한 증가는 경고 알림을 발생시켜야 하며 마이크로서비스의 지연 시간 증가 문제를 디버깅, 완화, 해결하는 방법에 대해 명확하게 문서화한 비상 대기 근무 설명서에 단계별 지침이 있어야 한다.

두 번째 단계는 안티패턴에 대한 경고 알림을 식별하는 것이다. 마이크로서비스에 대한 비상 대기 순환 근무가 경고 알림으로 인해 압도되더라도 마이크로서비스가 예상대로 작동하는 것처럼 보인다면 한 번 이상 확인되고 완화 및 해결하기 쉬운 경고 알림은 자동화해야 한다. 즉, 마이크로서비스 자체에 완화 또는 해결 단계를 구축해야 한다. 모든 경고 알림에 적용해 비상 대기 근무 설명서 내에 경고 알림에 대한 단계별 지침을 작성하는 것이 다소 효과적으로 계획을 실행할 수 있게 한다. 사실, 한 번 촉발된 경고 알림은 문제를 완화하고 해결하기 위해 간단한 단계를 취할 필요가 있으므로 쉽게 자동화할 수 있다. 생산 준비된 모니터링 수준에서는 마이크로서비스가 정확히 똑같은 문제를 두 번 겪어서는 안 된다.

---

3   자세한 내용은 7장, '문서화와 이해' 참조

비상 대기 순환 근무

마이크로서비스 생태계에서 개발 팀은 마이크로서비스의 가용성에 대한 책임이 있다. 이는 모니터링과 관련해 개발자가 자신의 마이크로서비스에 대해 비상 대기 근무를 해야 할 필요가 있다는 것을 의미한다. 마이크로서비스에 대한 비상 대기 근무 개발자의 목표는 분명해야 한다. 문제가 마이크로서비스의 가동 중단을 유발하거나 사업 자체에 영향을 미치기 전에 비상 대기 교대 근무 중 마이크로서비스에서 발생하는 문제를 감지, 완화, 해결해야 한다.

일부 대규모 기술 조직에서는 사이트 안정 엔지니어, 데브옵스 엔지니어, 기타 운영 엔지니어가 모니터링 및 비상 대기 근무에 대한 책임을 맡을지도 모르지만 마이크로서비스가 상대적으로 안정적이고 신뢰할 수 있어야 다른 팀에 비상 대기 근무 책임을 전가할 수 있다. 5장, '내결함성과 재난 대비'에서 살펴봤듯이 마이크로서비스는 대부분의 마이크로서비스 생태계에서 끊임없이 변하기 때문에 높은 수준의 안정성에 거의 미치지 못한다. 마이크로서비스 생태계에서 개발자는 전개한 코드를 스스로 모니터링해야 할 책임이 있다.

비상 대기 순환 근무 계획을 잘 세우는 것이 중요하며 팀 전체가 참여해야 한다. 극도의 피로를 막기 위해 비상 대기 순환 근무는 짧아야 하고 책임을 함께 나눠야 한다. 한 번에 두 명 이상의 개발자가 비상 대기 근무해야 하며 근무는 한 주 이상 지속되지 않아야 하고 근무 간격을 한 달 이내로 두지 않아야 한다.

마이크로서비스의 비상 대기 순환 근무는 내부적으로 공개되고 쉽게 접근할 수 있어야 한다. 마이크로서비스 팀이 임의의 종속성 관련된 문제를 겪으면 해당 마이크로서비스에 대한 비상 대기 근무 엔지니어를 추적해 신속하게 연락할 수 있어야 한다. 이 정보를 중앙 집중식으로 관리하면 개발자가 문제를 분별하고 가동 중단을 방지하는 데 좀 더 효과적이다.

기술 조식에서 표준화된 비상 대기 근무 절차를 전개시키면 지속 가능한 마이크로서비스 생태계를 구축하는 데 많은 도움이 된다. 개발자는 비상 대기 근무 교대의 접근법에 대해 교육받고 비상 대기 근무의 모범 사례를 인지함으로써 비상 대기 순환 근무에 매우 신속하게 합류할 수 있도록 준비해야 한다. 이 절차를 표준화하고 모든 개발자가 비상 대기 근무의 기댓

값을 완전히 명료하게 정하면 비상 대기 순환 근무에 대한 참여를 거론했을 때 일반적으로 수반되는 좌절, 극도의 피로 혼란을 예방할 수 있다.

마이크로서비스 평가

이제 모니터링에 대해 잘 이해했으므로 다음 질문 목록을 사용해 마이크로서비스 및 마이크로서비스 생태계의 생산 준비성을 평가해보자. 질문은 6장의 각 절에 해당하는 주제별로 구성돼 있다.

주요 지표

- 마이크로서비스의 주요 지표는 무엇인가?
- 호스트 및 인프라 지표는 무엇인가?
- 마이크로서비스 수준의 지표는 무엇인가?
- 마이크로서비스의 모든 주요 지표를 모니터링하는가?

로깅

- 마이크로서비스의 어떤 정보를 기록해야 하는가?
- 마이크로서비스는 중요한 요청을 모두 기록하는가?
- 로깅은 주어진 시간에 마이크로서비스의 상태를 정확하게 반영하는가?
- 로깅 솔루션은 비용 효율이 좋고 확장성이 있는가?

대시보드

- 마이크로서비스는 대시보드가 있는가?
- 대시보드를 쉽게 해석할 수 있는가? 모든 주요 지표를 대시보드에 표시하는가?
- 대시보드를 보고 마이크로서비스가 올바르게 동작하는지 여부를 판단할 수 있는가?

경고 알림

- 모든 주요 지표에 대한 경고 알림이 있는가?
- 모든 경고 알림은 타당한 신호를 제공하는 임곗값으로 정의되는가?
- 가동 중단이 발생하기 전에 경고 알림이 발생하도록 적절한 경고 알림 임곗값을 설정하는가?
- 모든 경고 알림은 실행 가능한가?
- 비상 대기 근무 설명서의 경고 알림에 대해 단계별 분류, 완화, 해결에 대한 지침이 있는가?

비상 대기 순환 근무

- 마이크로서비스 모니터링 업무를 전담하는 비상 대기 순환 근무가 있는가?
- 각각의 비상 대기 교대 근무에는 최소 두 명의 개발자가 있는가?
- 기술 조직 전체에 표준화된 비상 대기 근무 절차가 있는가?

7장

문서화와 이해

생산 준비된 마이크로서비스는 문서화돼 있고 이해하기 쉽다. 문서화 및 조직적인 이해는 개발자의 속도를 높이는 동시에 마이크로서비스 아키텍처 도입으로 비롯된 가장 중요한 두 가지 트레이드오프 사항인 조직의 스프롤 현상과 기술적 부채를 완화한다. 7장에서는 포괄적이고 유용한 문서를 작성하는 방법, 마이크로서비스 생태계의 모든 수준에서 마이크로서비스의 이해를 높이는 방법, 기술 조직 전체에서 생산 준비를 갖추는 방법을 포함해 마이크로서비스를 문서화하고 이해하는 데 필요한 필수 요소를 살펴본다.

마이크로서비스 문서화와 이해의 원칙

필자는 러시아 문학의 유명한 이야기를 통해 이 책의 마지막 장을 시작하고자 한다. 소프트웨어 아키텍처에 관한 책에 도스토옙스키^{Dostoyevsky}를 인용하는 것은 다소 특이하지만 『카라마조프 가의 형제들^{The Brothers Karamazov}』에서 그루셴카^{Grushenka}라는 등장인물은 마이크로서비스의 문서화 및 이해에 대한 핵심이라고 생각되는 것을 완벽하게 담아낸다. "라키트카^{Rakitka}, 단 하나만 알아주세요. 나는 악한 사람일지도 몰라요. 그럼에도 나는 양파 한 개를 드렸잖아요."

도스토옙스키의 훌륭한 소설에서 가장 좋아하는 부분은 늙은 여자와 양파에 관해 그루센카가 전하는 이야기다. 그 이야기는 다음과 같이 진행된다.

언젠가 매우 이기적이고 무정했던 늙고 독한 여자가 있었다. 어느 날 이 늙은 여자는 한 거지를 발견했고 무슨 이유인지 많은 동정심을 느꼈다. 늙은 여자는 거지에게 뭔가를 주고 싶었지만 갖고 있던 것이 양파뿐이었기 때문에 거지에게 양파를 줬다. 늙은 여자는 결국 죽었고 독하고 냉담한 인간성 때문에 지옥에 떨어졌다. 늙은 여자가 꽤 오랫동안 고통을 겪고 있을 때 한 천사가 구해줬다. 왜냐하면 신은 늙은 여자의 인생에서 이타적인 행동을 기억해줬고 그에 대한 보답으로 같은 친절을 베풀길 원했기 때문이다. 천사는 손에 양파를 들고 늙은 여자에게 손을 내밀었다. 늙은 여자는 양파를 움켜잡았다. 그러나 실망스럽게도 늙은 여자 주변에 있던 다른 죄인들도 양파를 쥐려고 손을 내밀었다. 그러자 늙은 여자의 냉담하고 독한 본성이 나타나기 시작했고 늙은 여자는 그들과 싸우려했다. 늙은 여자는 그들이 양파를 조금이라도 먹는 것을 원하지 않았다. 슬프게도 양파를 그들로부터 멀리 던지려고 했기 때문에 양파는 여러 겹으로 쪼개졌다. 결국 늙은 여자와 다른 죄인들은 다시 지옥으로 떨어졌다.

마음이 따뜻해지는 이야기는 아니지만 그루센카의 이야기에서는 배울 점이 있다. 필자는 마이크로서비스 문서화를 실행하는 데 있어 큰 연관성이 있다는 것을 알아차렸다. 언제나 양파를 줘야 한다는 점이다.

모든 마이크로서비스에 대해 철두철미하고 최신의 내용으로 문서화하는 것에 대한 중요성은 아무리 강조해도 지나치지 않다. 마이크로서비스 생태계에서 일하는 개발자에게 주요 관심사가 무엇인지 물어보자. 구현할 기능 목록, 해결해야 할 버그, 문제가 있는 종속성, 자신의 서비스와 그 서비스가 의존하는 종속성에 대해 이해하지 못하는 것을 거리낌 없이 말할 것이다. 마지막 두 가지에 대해 자세히 설명하도록 요청하면 비슷한 답을 하는 경향이 있다. 그것이 어떻게 작동하는지, 블랙박스인지, 해당 문서가 전혀 쓸모없는지를 이해하지 못한다.

종속성 및 내부 도구에 대한 문서가 불충분하기 때문에 개발자의 작업 속도는 느려지며 자체 서비스를 생산 준비된 상태로 만드는 능력을 좌우한다. 또한 종속성과 내부 도구를 올바르게 사용하지 못하게 하고 수많은 개발 시간을 소모한다. 왜냐하면 적절한 문서 없이 서비스 또는 도구가 수행하는 작업을 알아내는 유일한 방법으로써 리버스 엔지니어링을 수행하고 나서야 비로소 어떻게 동작하는지 이해하기 때문이다.

또한 서비스의 문서가 불충분하면 서비스에 기여하는 개발자의 생산성이 저하된다. 예를 들어 비상 대기 교대 근무에 대한 설명서가 없다는 것은 비상 대기 근무에 임하는 누구든 매번 처음부터 문제를 파악해야 한다는 것을 의미한다. 온보딩 안내서가 없다면 서비스를 개발하는 신규 개발자는 처음부터 서비스가 어떻게 동작하는지 이해해야 한다. 단일 장애 지점과 서비스 문제는 가동 중단 문제가 발생할 때까지 눈에 띄지 않게 된다. 서비스에 추가된 신규 기능은 서비스가 실제로 어떻게 작동하는지에 대한 전체적인 구도를 종종 간과할 수도 있다.

생산 준비가 잘된 문서화의 목표는 서비스에 대한 지식을 저장할 중앙 저장소를 만들고 유지하는 것이다. 지식을 공유하는 데는 두 가지 요소가 있다. 하나는 서비스에 대한 그대로의 사실이고 다른 하나는 서비스가 무엇을 수행하는지와 조직 전체에서 어디에 들어맞는지에 대한 조직적인 이해다. 문서화가 불충분한 문제는 두 개의 하위 문제로 나눌 수 있는데, 사실에 대한 문서의 부족과 이해의 부족이다. 이 두 가지 하위 문제를 해결하려면 마이크로서비스에 대한 모든 문서를 표준화하고 마이크로서비스의 이해를 공유할 수 있는 조직적인 체계를 마련해야 한다.

그루센카의 이야기는 마이크로서비스 문서화에 있어 황금률이다. 언제나 양파를 줘라. 당신을 위해, 당신의 서비스를 개발하는 동료 개발자를 위해, 당신의 서비스에 의존하는 서비스를 위해….

마이크로서비스 문서화

기술 조직의 모든 마이크로서비스 문서는 중앙에서 일원화해 공유되고 쉽게 접근할 수 있는 곳에 보관해야 한다. 모든 팀의 개발자는 별 어려움 없이 모든 마이크로서비스에 대한 문서를 찾을 수 있어야 한다. 모든 마이크로서비스 및 내부 도구에 대한 문서를 포함하는 내부 사이트는 최고의 보관 장소로 사용되기 쉽다.

README 및 코드 주석은 문서가 아니다

많은 개발자는 마이크로서비스의 문서를 저장소의 README 파일이나 코드 전체에 흩어져 있는 주석으로 국한한다. README는 기본적인 것이며 모든 마이크로서비스 코드에는 적절한 주석을 포함해야 하지만 이는 생산 준비된 문서가 아니다. 왜냐하면 개발자는 코드를 체크아웃한 후 코드에서 검색해야 하기 때문이다. 적절한 문서화는 기술 조직의 모든 마이크로서비스에 대한 문서를 중앙에서 일원화해 관리하는 장소(예: 사이트)에 저장하는 것이다.

문서는 정기적으로 갱신해야 한다. 서비스에 중요한 변경 사항이 있을 때마다 문서를 갱신해야 한다. 예를 들어 신규 API 엔드포인트를 추가하는 경우 엔드포인트에 대한 정보도 문서에 추가해야 한다. 새로운 경고를 추가하면 해당 경고를 선별, 완화, 해결하는 방법에 대한 단계별 지침도 서비스의 비상 대기 근무 설명서에 추가해야 한다. 새로운 종속성을 추가하면 해당 종속성에 대한 정보도 문서에 추가해야 한다. 언제나 양파를 줘라.

문서를 갱신하는 가장 좋은 방법은 개발 작업의 일부로 문서를 갱신하는 절차를 만드는 것이다. 문서를 갱신하는 것을 개발 외의 보조적인 별도의 작업으로 간주한다면 결코 문서화를 실행할 수 없고 서비스의 기술적 부채로 남는다. 기술적 부채를 줄이기 위해 중요한 코드 변경 사항이 있을 때마다 문서 갱신을 수반하도록 개발자에 권장해야 하며 필요하다면 반드시 요구해야 한다.

개발 사이클에 문서 갱신 업무를 포함하기

문서를 갱신하고 개선하는 것을 코드 작성의 부차적인 것으로 취급하면 종종 멀리하게 되고 서비스의 기술적 부채로 남는다. 이를 방지하려면 문서 갱신 및 개선을 서비스 개발 사이클의 필수적인 부분으로 만들어라.

문서는 포괄적이고 유용해야 한다. 문서에는 서비스와 관련된 중요한 모든 사실을 포함해야 한다. 문서를 읽은 후 개발자는 개발 방법과 서비스에 기여하는 방법, 서비스 아키텍처, 서비스 담당 연락처 및 비상 대기 근무 정보, 요청 흐름, 엔드포인트, 종속성 등에 관한 서비스가 어떻게 작동하는지에 대한 내용, 서비스에서 생성된 경고를 해결하는 방법, 사고 및 가동 중단을 분류, 완화, 수정하는 방법, 서비스에 대해 FAQ에 대한 답을 알 수 있어야 한다.

가장 중요한 것은 문서는 명확하게 쓰여야 하고 이해하기 쉬워야 한다는 것이다. 알 수 없는 전문 용어가 많은 문서는 쓸모가 없다. 또한 지나치게 기술적이며 서비스에 고유한 것을 설명하지 않는 문서는 중요한 세부 정보가 전혀 없기 때문에 쓸모가 없다. 훌륭하고 깔끔하며 명확한 문서를 작성하는 목표는 회사 내의 모든 개발자, 관리자, 제품 관리자, 임원이 이해할 수 있도록 작성하는 것이다.

생산 준비된 마이크로서비스 문서의 각 요소에 대해 좀 더 자세히 알아보자.

설명

모든 마이크로서비스 문서는 서비스에 대한 설명으로 시작해야 한다. 서비스 설명은 짧고 읽기에 좋으며 요점을 지녀야 한다. 예를 들어 고객이 주문을 완료한 후 영수증을 보내는 기능을 가진 receipt-sender라는 마이크로서비스가 있는 경우 설명에 다음과 같은 내용이 포함돼 있어야 한다.

> **설명:**
>
> 고객이 주문한 후 receipt-sender는 이메일로 영수증을 고객에게 보낸다.

문서를 보는 누구든 마이크로서비스 생태계에서 해당 마이크로서비스가 어떤 기능을 수행하는지 알 수 있기 때문에 서비스에 대한 설명은 필수적이다.

아키텍처 다이어그램

서비스에 대한 설명에는 아키텍처 다이어그램이 있어야 한다. 아키텍처 다이어그램은 구성 요소, 엔드포인트, 요청 흐름, 업스트림 및 다운 스트림 종속성, 데이터베이스 또는 캐시에 대한 정보를 포함한 서비스 아키텍처를 자세히 설명해야 한다. 그림 7-1에 묘사된 아키텍처 다이어그램의 한 예를 참조하라.

아키텍처 다이어그램이 필수적인 이유는 여러 가지다. 그저 코드를 읽어 마이크로서비스가 어떻게 동작하는지와 그 이유를 이해하는 것은 거의 불가능하다. 따라서 잘 설계된 아키텍처 다이어그램은 마이크로서비스를 이해하기 쉽도록 시각적인 설명과 요약을 나타낸다. 또한 아키텍처 다이어그램은 개발자가 새로운 기능이 어디에 어떻게 적용될 것인지를 알 수 있도록 서비스의 내부 동작을 추상화함으로써 신규 기능을 추가하는 데 도움을 준다. 아키텍처를 시각적으로 완전하게 표현하지 않으면 주목받지 못하는 서비스의 경우 아키텍처 다이어그램은 그런 서비스가 갖고 있는 쟁점과 문제를 분명히 보여줄 수 있기 때문에 무엇보다 중요하다. 코드를 샅샅이 뒤져 서비스의 장애 지점을 찾는 것은 어렵지만 정확한 아키텍처 다이어그램에서는 아픈 엄지 손가락처럼 눈에 잘 띄는 경향이 있다.

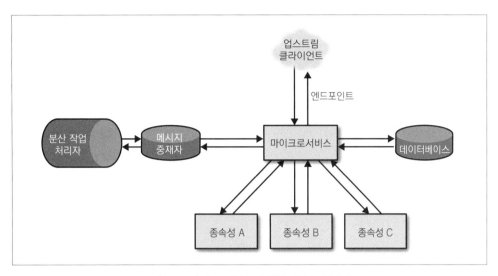

그림 7-1 마이크로서비스 아키텍처 다이어그램의 예

연락처와 비상 대기 근무 정보

서비스 문서를 보는 사람은 아마 해당 서비스 팀의 누군가일 수도, 그 서비스에 대해 문제를
겪고 있거나 어떻게 동작하는지 알고 싶은 다른 팀의 누군가일 수도 있다. 두 번째 부류의 개
발자는 팀에 대한 정보에 접근하기 위해 도움을 얻는 것이 필요하므로 문서 내 연락처 및 비
상 대기 근무 정보 부분에 몇 가지 중요한 사실을 포함해야 한다.

해당 부분에는 각각의 코드 기여자, 조직 관리자, 프로그램 및 제품 관리자를 포함해 팀의
모든 사람의 이름, 직위, 연락처 정보를 포함해야 한다. 따라서 다른 팀의 개발자는 서비스
에 문제를 겪거나 질문이 있는 경우 연락해야 하는 사람을 신속하게 결정할 수 있다. 예를 들
어 개발자가 종속성에 문제를 겪는 경우 이러한 정보는 많은 도움이 된다. 연락 대상자와 해
당 팀에서의 역할을 알면 팀 간 의사 소통을 쉽고 효율적으로 수행할 수 있다.

비상 대기 순환 근무에 대한 정보를 추가하고 언제든지 서비스에 대해 비상 대기 근무 중인
사람을 알 수 있도록 갱신해 유지하면 일반적인 문제나 긴급 상황 발생 시 연락해야 할 비상
대기 근무 중인 개발자를 정확히 알 수 있다.

링크

문서는 마이크로서비스에 대한 모든 정보를 얻을 수 있도록 중앙에서 관리되는 자원이어야 한다. 문서에는 개발자가 코드를 쉽게 체크아웃할 수 있도록 저장소에 대한 링크, 대시보드에 대한 링크, 마이크로서비스의 원본 RFC에 대한 링크, 가장 최근의 아키텍처 검토 내용에 대한 링크를 포함해야 한다. 또한 개발자에게 도움될 수 있는 다른 마이크로서비스나 마이크로서비스에서 사용되는 기술 등에 대한 추가 정보도 문서의 링크 절에 포함시켜야 한다.

온보딩과 개발 안내서

온보딩 및 개발 안내서의 목적은 새로운 개발자가 팀에 참여할 수 있게 해 코드 기여를 시작하고 마이크로서비스에 기능을 추가하고 전개 파이프라인에 신규 변경 사항을 도입하기 쉽게 하는 것이다.

이 절의 첫 번째 부분은 서비스 설정에 관한 단계별 안내서다. 코드를 체크아웃하고 환경을 설정하고 서비스를 시작하고 서비스가 올바르게 동작하는지 검증할 수 있도록 개발자에게 알려줘야 한다. 이에는 개발자가 서비스를 설정하기 위해 실행해야 하는 모든 명령 또는 스크립트가 포함돼 있어야 한다.

두 번째 부분은 개발자에게 서비스의 개발 사이클과 전개 파이프라인을 설명해야 한다.[1] 이에는 코드의 체크아웃 방법, 코드 변경 방법, 필요한 경우 코드에 대한 단위 테스트 작성 방법, 필수 테스트 수행 방법, 변경 내용 커밋 방법, 코드 검토를 위해 변경 사항을 보내는 방법, 서비스를 올바르게 빌드하고 배포하는 방법, 전개 방법, 서비스에 대한 전개 파이프라인 설정 방법 등 각 단계에 대한 기술 정보[2]가 포함돼 있어야 한다.

---

1   생산 준비된 개발 사이클 및 전개 파이프라인에 대한 자세한 내용은 3장, '안정성과 신뢰성'의 '개발 사이클' 절과 '전개 파이프라인' 절 참조

2   예: 몇 가지 예와 함께 실행해야 하는 명령

요청 흐름, 엔드포인트, 종속성

문서에는 요청 흐름, 엔드포인트, 마이크로서비스의 종속성에 관한 중요한 정보를 포함시켜야 한다. 요청 흐름 문서는 애플리케이션의 요청 흐름 다이어그램으로 구성할 수 있다. 요청 흐름이 아키텍처 다이어그램 내에서 적절하게 상세화된 경우 요청 흐름 문서는 아키텍처 다이어그램이 될 수 있다. 다이어그램에는 마이크로서비스에 대한 요청 유형 및 요청 처리 방법에 대한 정성적 설명을 첨부해야 한다.

또한 서비스의 모든 API 엔드포인트를 문서화해야 한다. 일반적으로 엔드포인트 이름으로 된 엔드포인트의 글 머리표 목록과 엔드포인트 응답에 대한 각각의 정성적인 설명이 있으면 충분하다. 다른 팀에 있는 개발자가 임의의 마이크로서비스 API 엔드포인트에 대한 설명을 읽고 해당 마이크로서비스를 블랙박스로 취급해 엔드포인트에 성공적으로 요청을 보내고 예상 응답을 받을 수 있을 만큼 명확하고 이해할 수 있어야 한다.

이 절의 세 번째 요소는 서비스의 종속성에 대한 정보다. 종속성과 종속성이 있는 서비스의 엔드포인트 및 엔드포인트에 대한 요청, 종속성이 있는 서비스의 서비스 수준 협약 정보, 장애에 대비한 대안/캐싱/백업, 종속성이 있는 서비스에 대한 문서 및 대시보드에 대한 링크를 작성해야 한다.

비상 대기 근무 설명서

6장, '모니터링'에서 다뤘듯이 각각의 경고에 대한 모든 내용을 비상 대기 근무 설명서에 포함시켜야 하고 경고를 선별, 완화, 해결하는 방법을 설명하는 단계별 지침을 첨부해야 한다. 비상 대기 근무 설명서는 서비스의 중앙에서 관리되는 문서의 비상 대기 근무 부분에 넣어야 하며 새로운 오류 해결 및 디버깅에 대한 일반적인 세부 지침을 포함시켜야 한다.

좋은 설명서는 일반적인 비상 대기 근무 요구 사항과 절차로 시작해 서비스의 경고에 대한 목록 전체를 포함한다. 비상 대기 근무 설명서에는 각 경고에 대해 경고 이름, 경고 설명, 문제 설명, 경고를 분류, 완화, 해결하는 방법에 대한 단계별 안내서를 포함해야 한다. 또한 문제의 심각도, 경고가 가동 중단을 의미하는지 여부, 사고 및 가동 중단을 팀이나 다른 기술 조직에 전달하는 방법 등에 관해 경고가 조직에 미치는 영향을 설명해야 한다.

 새벽 두 시에 졸음이 오는 개발자가 이해할 수 있는 비상 대기 근무 설명서 작성하기
늦은 밤이나 아침 일찍부터 서비스에 대해 비상 대기 근무하는 개발자는 하루 중 언제라도 호출될 수 있다. 반쯤 잠들어 있던 개발자가 아무런 어려움 없이 따라할 수 있도록 비상 대기 근무 설명서를 작성해야 한다.

타당하고 명확하며 쉽게 이해할 수 있는 비상 대기 근무 설명서를 작성하는 것은 매우 중요하다. 서비스에 비상 대기 근무하는 개발자나 서비스에 문제를 겪는 개발자가 서비스 가동 중지 기간을 크게 단축시킬 수 있게 극히 짧은 시간 안에 신속히 대처해 문제를 진단하고 사고를 완화하고 해결할 수 있도록 비상 대기 근무 설명서를 작성해야 한다.

모든 경고를 쉽게 완화하거나 해결할 수 있는 것은 아니다. 최근 전개에서 발생한 코드 버그로 인한 문제를 제외한 대부분의 가동 중단은 이전에는 볼 수 없었던 것이다. 비상 대기 근무 설명서에는 개발자가 문제를 현명하게 처리하기 위해 전략적이고 체계적인 방식으로 새로운 문제에 접근하는 방법에 대한 내용으로 채워져 있어야 하며 일반적인 문제 해결 및 디버깅 방법에 대한 내용이 추가로 들어가야 한다.

자주 묻는 질문

보통 문서에서 서비스에 대해 흔히 있는 질문에 답하는 부분을 자주 빠트린다. FAQ에 대한 절을 할애하면 비상 대기 근무 중인 누구든 결과적으로 다른 팀 사람들이 흔히 하는 질문에 답하는 부담이 줄어든다.

FAQ에는 두 가지 범주가 있다. 첫 번째는 다른 팀의 개발자가 서비스에 관해 묻는 질문이다. 이러한 질문에 대한 답변을 FAQ 부분에서 접근하는 방법은 간단하다. 누군가가 물었던 질문을 다시 물을 것이라 생각한다면 FAQ에 추가한다. 두 번째 범주의 질문은 팀 구성원이 제공하는 질문이며 여기에서도 이와 같은 방법을 사용할 수 있다. 서비스와 관련된 작업을 수행하는 방법, 이유, 시기에 대한 질문이 있으면 FAQ에 추가한다.

요약: 생산 준비된 마이크로서비스를 위한 문서화 요소

생산 준비된 마이크로서비스 문서에는 다음 내용을 포함시킨다.

- 마이크로서비스 생태계 전체 및 사업에서 마이크로서비스 및 그 위치에 대한 설명
- 서비스 및 클라이언트의 아키텍처와 종속성을 고수준으로 추상화해 자세히 설명하는 아키텍처 다이어그램
- 마이크로서비스 개발 팀에 대한 연락처 및 비상 대기 근무 정보
- 저장소, 대시보드, 서비스에 대한 RFC, 아키텍처 검토, 기타 관련 정보나 유용한 정보에 대한 링크
- 개발 절차, 전개 파이프라인, 서비스에 코드를 기여하는 개발자에게 유용한 기타 정보에 대한 세부 정보가 포함된 온보딩 및 개발 안내서
- 마이크로서비스의 요청 흐름, 서비스 수준 협약, 생산 준비 상태, API 엔드포인트, 중요한 클라이언트, 종속성에 대한 자세한 정보
- 일반적인 사고 및 가동 중단에 대응하는 절차, 각각의 경고 알림을 분별, 완화, 해결하는 방법에 대한 단계별 지침, 일반적인 문제 해결 및 디버깅 부분을 포함한 비상 대기 근무 설명서
- FAQ란

마이크로서비스의 이해

문서를 최신 내용으로 구성하고 중앙에서 일원화해 관리하는 것은 생산 준비된 마이크로서비스 문서화 및 이해의 한 부분일 뿐이다. 문서 작성 및 갱신 외에도 각각의 개발 팀뿐 아니라 조직 전체가 마이크로서비스를 잘 이해할 수 있도록 조직적인 절차를 마련해야 한다. 다방면에서 잘 이해되는 마이크로서비스는 모든 생산 준비 요구 사항을 만족시킨다.

개발자, 팀, 조직은 마이크로서비스를 진심으로 반드시 이해해야 한다. 얼핏 보면 마이크로서비스를 '이해한다'는 개념이 도움이 된다는 것은 너무 모호해 보일 수도 있지만 생산 준비된 마이크로서비스의 개념은 모든 수준에서 마이크로서비스를 이해하도록 안내하고 정의하는 데 사용될 수 있다. 생산 준비 상태와 요구 사항을 갖추고 마이크로서비스 아키텍처를 무

대로 가져오기 위한 조직의 복잡성과 저항에 대한 현실적인 이해와 함께 개발자는 각각의 마이크로서비스를 얼마나 이해하고 있는지 수치화할 수 있으며 7장의 앞부분에서 강조한 것처럼 나머지 조직에게 양파를 줄 수 있다.

각각의 개발자에 대해서는 마이크로서비스에 대한 질문에 답할 수 있는 것으로 해석된다. 예를 들어 마이크로서비스가 확장 가능한지 여부를 묻는 질문에 확장성 요구 사항 목록을 보고 "예", "아니요" 또는 뭔가[3]를 자신 있게 답할 수 있다. 이와 마찬가지로 마이크로서비스가 내결함성이 있는지 묻는 질문에 모든 장애 시나리오와 발생 가능한 재난에 대해 거리낌없이 말할 수 있을 것이다. 그런 다음 다양한 유형의 복원력 테스트를 사용해 어떻게 대비했는지 자세히 설명할 것이다.

팀 수준에서 이해라는 것은 팀이 생산 준비 상태와 관련해 마이크로서비스가 어느 정도인지 알 수 있으며 서비스를 생산 준비 상태로 이끌기 위해 수행해야 할 작업을 파악할 수 있다는 것을 의미한다. 팀 수준에서 이해는 각 팀의 문화가 돼야 한다. 생산 준비 기준과 요구 사항은 팀이 내리는 결정을 이끌어내고 점검 사항을 확인하기 위한 특별한 상자가 아니라 최상의 마이크로서비스를 구축하는 방향으로 팀을 안내하는 원칙으로 봐야 한다.

조직의 구조 자체에 대한 이해 절차가 필요하다. 이를 위해서는 생산 준비 상태 및 요구 사항이 조직 절차의 일부가 돼야 한다. 서비스 구축에 앞서 검토를 위해 RFC를 여기저기 보내기 전에 생산 준비 기준 및 요구 사항에 따라 서비스를 평가할 수 있다. 개발자, 설계자, 운영 엔지니어는 서비스를 실행하기 전에 안정성, 신뢰성, 확장성, 성능, 내결함성, 재난 대비, 적절한 모니터링, 적절한 문서화 및 이해를 위해 서비스를 구축했는지 확인할 수 있다. 신규 서비스가 프로덕션 트래픽을 다루기 시작하면 가용성을 위해 설계되고 최적화되고 프로덕션 트래픽에 대해 신뢰할 수 있음을 보장한다.

마이크로서비스의 라이프사이클 초반에 생산 준비 상태에 대해 검토하고 설계하는 것만으로는 충분하지 않다. 각각의 마이크로서비스 품질이 충분히 높은 수준으로 유지되도록 기존 서

---

3   예: "요구 사항 x 및 z를 충족하지만 y는 아직 구현되지 않았어요."

비스를 지속적으로 검토하고 검사해야 하며 다양한 마이크로서비스 팀과 마이크로서비스 생태계 전반에 걸쳐 고가용성과 신뢰를 보장해야 한다. 기존 서비스에 대한 이러한 생산 준비 검사를 자동화하고 결과를 내부적으로 공개하면 마이크로서비스 생태계 전체의 품질에 대해 조직 전체에 걸쳐 인식을 제고하는 데 도움이 될 수 있다.

아키텍처 검토

수천 개가 넘는 서로 다른 마이크로서비스와 개발 팀에서 이러한 생산 준비 기준 및 요구 사항을 추진한 후에 필자가 배운 한 가지 사실은 마이크로서비스의 이해를 돕는 즉각적이고 가장 효과적인 방법은 각각의 마이크로서비스에 대해 아키텍처를 정기적으로 검토하는 것이라는 점이다. 훌륭한 아키텍처 검토는 서비스를 개발하는 개발자, 사이트 안정 엔지니어, 기타 운영 엔지니어가 회의실에 모여 화이트보드에 서비스 아키텍처 그리고 해당 아키텍처를 철저히 평가하는 회의를 진행하는 것이다.

이러한 회의에서 몇 분 안에 개발자 및 팀 수준에서 이해하는 범위가 무엇인지 명확히 알 수 있다. 개발자는 아키텍처를 통해 확장성, 성능 병목 현상, 이전에 발견되지 않은 장애 지점, 발생 가능한 가동 중단, 향후의 사고 장애, 재난 시나리오, 추가해야 할 신규 기능을 빠르게 알 수 있다. 이전에 결정했던 형편없는 아키텍처는 분명하게 드러날 것이며 최신 기술 또는 보다 우수한 기술로 대체해야 하는 오래된 기술이 눈에 띌 것이다. 평가와 논의가 생산적이고 객관적인지 보증하려면 대규모 분산 시스템 아키텍처와 해당 조직 특유의 마이크로서비스 생태계를 경험한 다른 팀의 개발자[4]를 데려오는 것이 도움이 된다. 개발자가 인식하지 못하는 문제를 지적할 수 있다.

---

4   특히, 인프라 엔지니어, 데브옵스 엔지니어, 사이트 안정 엔지니어

각 회의에서는 앞으로 몇 주, 몇 달 동안 진행될 프로젝트 목록과 함께 서비스에 대해 새로운 최신 아키텍처 다이어그램을 도출해야 한다. 문서에는 새로운 다이어그램을 확실히 추가해야 하며 각 서비스의 로드맵[5]에 프로젝트와 목표 및 OKRs를 포함시킬 수도 있다.

마이크로서비스는 개발이 빠르게 진행되기 때문에 빠른 속도로 진화하고 마이크로서비스 생태계의 하위 계층은 끊임없이 변화할 것이다. 아키텍처 및 아키텍처에 대한 이해를 적절하고 생산적으로 유지하려면 아키텍처 검토 회의를 정기적으로 개최해야 한다. 필자의 경험에서 우러나온 좋은 방법은 OKRs와 프로젝트 계획이 일치하도록 회의 일정을 잡는 것이다. 프로젝트와 OKRs를 분기별로 계획하고 일정을 수립하는 경우 해당 계획 주기를 시작하기 전에 분기별 아키텍처 검토를 수행하는 것이 좋다.

생산 준비 검사

마이크로서비스가 생산 준비 기준 및 요구 사항을 충족하고 실제로 생산 준비가 됐는지 확인하기 위해 팀은 해당 서비스에 대한 생산 준비 검사를 수행할 수 있다. 검사를 수행하는 것은 매우 간단하다. 팀은 생산 준비 요구 사항에 대한 점검표를 보면서 서비스가 각각의 요구 사항을 충족하는지 여부를 표시한다. 이렇게 하면 서비스를 이해할 수 있다. 각 개발자와 팀은 검사가 끝나는 무렵에 자신의 서비스가 어느 수준인지와 문제를 개선해야 할 부분이 무엇인지 정확히 알 수 있다.

검사 체계는 기술 조직이 도입한 생산 준비 기준 및 요구 사항을 반영해야 한다. 팀은 검사를 통해 서비스의 안정성, 신뢰성, 확장성, 내결함성, 재난 대비, 성능, 모니터링, 문서화를 수치화해야 한다. 6장, '모니터링'에서 설명한 것처럼 이러한 기준에는 서비스를 해당 기준까지 끌어올리는 데 사용할 수 있는 일련의 요구 사항이 수반되며 개발자는 각각의 생산 준비 기준의 요구 사항에 맞춰 조직의 목표 및 요구 사항을 충족시킬 수 있다. 정확한 요구 사항은 회사의 마이크로서비스 생태계의 세부 사항에 따라 다르지만 생산 준비 기준 및 기본 구성

---

5   '생산 준비 로드맵' 절 참조

요소는 모든 생태계에서 의의가 있다.[6]

생산 준비 로드맵

마이크로서비스 개발 팀이 마이크로서비스에 대한 철저한 생산 준비 검사를 완료한 후 자신의 서비스가 생산 준비 상태인지 여부를 확인한 다음 단계는 서비스를 생산 준비 상태로 만드는 방법을 계획하는 것이다. 이 계획은 생산 준비 검사를 통해 다음과 같이 쉽게 수립할 수 있다. 이 시점에서 팀은 자신의 서비스가 충족시키지 못한 생산 준비 요구 사항에 대한 점검표를 갖고 있기 때문에 남아 있는 업무는 충족되지 않은 각 요구 사항을 만족시키는 일이다.

이것으로부터 생산 준비 로드맵을 전개할 수 있으며 생산 준비 및 마이크로서비스를 이해하는 절차의 매우 유용한 부분이라는 것을 알게 된다. 각각의 마이크로서비스는 서로 다르기 때문에 미달성 요구 사항에 대한 세부적인 이행 사항은 서비스마다 다를 수 있다. 따라서 모든 세부적인 이행 사항을 문서화하는 로드맵을 자세히 작성해 마이크로서비스를 생산 준비 상태로 만들기 위해 팀을 이끌 수 있다. 충족돼야 하는 요구 사항에는 기술적인 세부 사항, 요구 사항과 관련해 가동 중단 및 사고를 일으킨 문제, 작업 관리 시스템의 표식에 대한 링크, 프로젝트에서 작업하게 될 개발자 이름이 포함돼 있을 것이다.

로드맵과 이에 포함된 미달성 생산 준비 요구 사항 목록은 모든 계획의 일부일 수 있으며 OKRs가 회사에서 사용된다면 서비스를 위해 저장해야 한다. 생산 준비 요구 사항을 충족시키는 것은 기능 개발 및 신기술 도입과 밀접하게 절차를 진행할 때 가장 효과가 좋다. 마이크로서비스 생태계의 각 서비스를 안정적이고 신뢰할 수 있으며 확장 가능하고 성능이 뛰어나고 내결함성이 있으며 재난에 대비하고 모니터링되고 문서화하고 이해할 수 있도록 만드는 것은 마이크로서비스 생태계 전체의 가용성을 보장하면서 각각의 서비스가 실제로 생산 준비 상태인지를 확인하는 간단하고 정량화된 방법이다.

---

6   생산 준비 상태 및 일반적인 요구 사항을 포함한 점검표에 대한 요약은 부록 A 참조

생산 준비 자동화

아키텍처 검토, 검사, 로드맵은 개발자 및 팀 수준에서 마이크로서비스를 이해하는 문제를 해결하지만 조직 수준에서 이해하려면 추가 요소가 필요하다. 지금까지 제시한 것처럼 생산 준비된 마이크로서비스를 구축하는 데 필요한 모든 작업은 대부분 수동으로 이뤄지므로 개발자가 각각의 검사 단계마다 개별적으로 수행하고 작업, 목록, 로드맵을 만들어 각각의 요구 사항을 확인해야 한다. 이와 같은 수작업은 종종 뒤로 미뤄지게 되므로 생산 준비를 이끄는 생산적인 팀조차도 기술적 부채가 늘어난다.

실제로 소프트웨어 공학의 주요 원칙 중 하나는 다음과 같다. 수작업을 여러 번 해야 할 일이 있다면 다시 수행할 필요가 없도록 자동화하는 것이다. 이는 운영 업무에 적용되며 일회성의 임시 상황, 터미널에 입력해야 하는 모든 것에 적용된다. 당연히 기술 조직 전체에 생산 준비 기준을 시행하는 데에도 적용된다. 자동화는 개발 팀에게 제공할 수 있는 최고의 양파다.

모든 마이크로서비스에 대한 생산 준비 요구 사항 목록을 쉽게 작성할 수 있다. 필자는 우버에서 직접 해봤다. 더욱이 다른 개발자가 회사에서 이 책에 기술한 것과 동일한 생산 준비 기준을 시행하는 것을 봤다. 필자는 독자가 사용할 수 있는 점검표 견본[7]을 만들었다. 이와 같은 목록은 점검표를 자동화하기 쉽게 한다. 예를 들어 내결함성과 재난 대비 여부를 확인하기 위해 자동화된 검사를 수행함으로써 적절한 복원력 테스트를 준비해 수행하고 각 마이크로서비스에 대해 성공적으로 테스트를 통과하는지 보장할 수 있다.

이러한 생산 준비 점검을 자동화하는 데 따르는 어려움은 마이크로서비스 생태계의 각 계층 내에 내부 서비스의 복잡성에 달려 있다. 모든 마이크로서비스 및 셀프 서비스 도구에 알맞은 API가 있는 경우 자동화는 식은 죽 먹기다. 서비스가 통신에 문제가 있거나 셀프 서비스 내부 도구가 까다롭거나 잘못 작성된 경우에는 단지 생산 준비 상태뿐 아니라 서비스 및 마이크로서비스 전체의 무결성에 문제를 겪을 수 있다.

생산 준비를 자동화하면 몇 가지 매우 중요하고 효과적인 방법으로 조직적인 이해를 돕는다.

---

7 부록 A. '생산 준비 점검표'

이러한 점검을 자동화하고 지속적으로 수행하면 조직에 있는 팀은 항상 마이크로서비스에 대해 알 수 있다. 점검 결과를 내부적으로 알리고 각각의 마이크로서비스에 생산 준비 상태를 측정한 점수를 부여하고 사업에 중요한 서비스의 최소 생산 준비 점수를 높게 요구하고 전개를 시행하는 기준을 둬야 한다. 생산 준비를 갖추는 것은 개발 문화의 일부가 될 수 있으며 생산 준비 기준을 달성할 수 있는 확실한 방법이다.

마이크로서비스 평가

이제 문서화에 대해 이해했으므로 다음 질문 목록을 사용해 마이크로서비스 및 마이크로서비스 생태계의 생산 준비성을 평가해보자. 질문은 7장의 각 절에 해당하는 주제별로 구성된다.

마이크로서비스 문서화

- 마이크로서비스에 대한 문서는 중앙에서 일원화해서 관리하고 공유해서 쉽게 접근할 수 있는 장소에 저장하는가?
- 문서를 쉽게 검색할 수 있는가?
- 마이크로서비스에 대한 중요한 변경 사항은 마이크로서비스 문서에 대한 갱신을 수반하는가?
- 마이크로서비스 문서에 마이크로서비스에 대한 설명을 포함하는가?
- 마이크로서비스 문서에 아키텍처 다이어그램을 포함하는가?
- 마이크로서비스 문서에 연락처 및 비상 대기 근무 정보를 포함하는가?
- 마이크로서비스 문서에 중요한 정보에 대한 링크를 포함하는가?
- 마이크로서비스 문서에 온보딩 및 개발 안내서를 포함하는가?
- 마이크로서비스 문서에 마이크로서비스의 요청 흐름, 엔드포인트, 종속성에 대한 정보를 포함하는가?

- 마이크로서비스 문서에 비상 대기 근무 설명서를 포함하는가?
- 마이크로서비스 문서에 FAQ를 포함하는가?

마이크로서비스의 이해

- 팀의 모든 개발자는 마이크로서비스의 생산 준비 상태에 관한 질문에 답할 수 있는가?
- 마이크로서비스가 보유하고 있는 일련의 원칙과 기준이 있는가?
- 새로운 마이크로서비스마다 RFC 절차가 마련돼 있는가?
- 기존 마이크로서비스를 자주 검토하고 검사하는가?
- 모든 마이크로서비스 팀이 아키텍처 검토를 실시하는가?
- 생산 준비 검사 절차가 마련돼 있는가?
- 생산 준비 로드맵은 마이크로서비스를 생산 준비 상태로 만드는 데 사용되는가?
- 생산 준비 기준은 조직의 OKRs를 주도하는가?
- 생산 준비 절차는 자동화돼 있는가?

부록 A

생산 준비 점검표

다음은 수작업 또는 자동화된 방법으로 마이크로서비스를 확인하기 위한 점검표다.

생산 준비된 서비스를 위한 안정성 및 신뢰성 확인 사항

- 표준화된 개발 사이클이 있다.
- 린트 테스트, 단위 테스트, 통합 테스트, 종단간 테스트를 통해 철저히 코드를 확인한다.
- 테스트, 패키징, 빌드, 배포 절차를 완전히 자동화한다.
- 스테이징 단계, 카나리아 단계, 생산 단계를 포함한 표준화된 전개 파이프라인이 있다.
- 서비스의 클라이언트와 종속성에 대해 알고 있다.
- 백업, 대안, 폴백, 캐싱 등의 장애 발생 대비책이 있다.
- 안정적이고 신뢰할 수 있는 서비스 라우팅과 서비스 디스커버리 소프트웨어가 준비돼 있다.

생산 준비된 서비스를 위한 확장성 및 성능 확인 사항

- 질적 및 양적 성장 규모를 안다.
- 하드웨어 자원을 효율적으로 사용한다.
- 자원 병목 현상과 자원 요구 사항을 안다.
- 용량 계획을 자동화하고 예정된 일정에 따라 수행한다.
- 마이크로서비스 종속성도 함께 확장할 수 있다.
- 마이크로서비스 클라이언트도 함께 확장할 수 있다.
- 트래픽 패턴을 안다.
- 장애가 발생하면 트래픽의 경로를 재지정할 수 있다.
- 확장성 및 성능을 제공하는 프로그래밍 언어로 작성한다.
- 작업을 효율적인 방식으로 처리한다.
- 확장 가능하고 효율적인 방식으로 데이터를 처리하고 저장한다.

생산 준비된 서비스를 위한 내결함성 및 재난 대비 확인 사항

- 단일 장애 지점이 없다.
- 모든 장애 시나리오와 발생 가능한 재난을 식별한 상태다.
- 코드 테스트, 부하 테스트, 카오스 테스트를 통해 복원력을 검사한다.
- 장애 감지 및 복구 작업이 자동화돼 있다.
- 마이크로서비스 개발 팀 및 조직 전체에 사고 및 서비스 가동 중단에 대응하는 표준화된 절차가 마련돼 있다.

생산 준비된 서비스를 위한 모니터링 적절성 확인 사항

- 호스트, 인프라 마이크로서비스 수준에서 주요 지표를 식별하고 모니터링한다.
- 마이크로서비스의 과거 상태를 정확하게 나타내는 적절한 로깅을 제공한다.
- 대시보드는 쉽게 해석할 수 있으며 모든 주요 지표를 포함한다.
- 경고 알림은 실행 가능하며 신호를 제공하는 임곗값에 따라 정의한다.
- 모든 사고 및 가동 중단을 모니터링하고 대응하기 위한 전용의 비상 대기 순환 근무가 있다.
- 사고 및 가동 중단을 처리하기 위한 명확하고 잘 정의되고 표준화된 비상 대응 절차가 있다.

생산 준비된 서비스를 위한 문서화 및 이해 확인 사항

- 포괄적인 문서가 있다.
- 문서를 정기적으로 갱신한다.
- 문서에는 마이크로서비스 설명, 아키텍처 다이어그램, 연락처 및 비상 대기 근무 정보, 중요한 정보에 대한 링크, 온보딩 및 개발 안내서, 서비스 요청 흐름에 대한 정보, 엔드포인트 및 종속성, 비상 대기 근무 설명서, FAQ에 대한 답을 포함한다.
- 개발자, 팀, 조직 수준에서 잘 이해된다.
- 생산 준비 기준을 지키고 관련 요구 사항을 만족한다.
- 아키텍처를 자주 검토하고 검사한다.

마이크로서비스 평가

독자가 마이크로서비스 및 마이크로서비스 생태계의 생산 준비 상태를 평가하는 것을 돕기 위해 3장, '안정성과 신뢰성'부터 7장, '문서화와 이해'까지 생산 준비 기준과 관련된 간단한 질문 사항으로 마무리 지었다. 질문은 3장, '안정성과 신뢰성'부터 7장, '문서화와 이해'까지 각 장의 각 절에 해당하는 주제별로 구성된다. 각 장의 모든 질문은 쉽게 참조할 수 있도록 여기에 모아놓았다.

안정성과 신뢰성

개발 사이클

- 마이크로서비스의 모든 코드가 중앙 저장소에 있는가?
- 개발자는 현실을 정확하게 반영한 생산 상태의 개발 환경에서 작업하는가?
- 마이크로서비스에 대해 린트 테스트, 단위 테스트, 통합 테스트, 종단간 테스트를 적절하게 수행하는가?

- 코드 검토 절차 및 정책을 마련했는가?
- 테스트, 패키징, 빌드, 배포 절차를 자동화했는가?

전개 파이프라인

- 마이크로서비스 생태계에 표준화된 전개 파이프라인이 있는가?
- 전개 파이프라인에 풀 스테이징 또는 파셜 스테이징과 같은 스테이징 단계가 있는가?
- 스테이징 환경은 프로덕션 서비스에 어떤 접근 권한이 있는가?
- 전개 파이프라인에 카나리아 단계가 있는가?
- 카나리아 단계에서 장애를 발견할 만큼 충분히 긴 기간 동안 전개 절차를 진행하는가?
- 카나리아 단계에서 프로덕션 트래픽을 확실하게 무작위로 선별해 운영하는가?
- 카나리아 환경 및 생산 환경에 대해 마이크로서비스의 포트가 동일한가?
- 생산 환경으로의 전개는 모두 동시에 수행하는가? 아니면 점진적으로 수행하는가?
- 긴급 상황 발생 시 스테이징 단계 및 카나리아 단계를 건너뛸 수 있는 절차가 있는가?

종속성

- 마이크로서비스의 종속성에는 무엇이 있는가?
- 클라이언트는 무엇인가?
- 마이크로서비스는 종속성 장애를 어떻게 완화하는가?
- 종속성이 있는 각 마이크로서비스에 대해 백업, 대안, 폴백, 방어 캐싱을 마련했는가?

서비스 라우팅과 서비스 디스커버리

- 마이크로서비스에 대한 정상 상태 확인 기능은 신뢰할 수 있는가?
- 마이크로서비스의 정상 상태 여부를 제대로 확인하는가?

- 마이크로서비스 생태계의 통신 계층 내의 별도 채널에서 마이크로서비스의 정상 상태를 확인하는가?
- 비정상적인 마이크로서비스가 요청을 하지 못하도록 서킷 브레이커를 마련했는가?
- 비정상적인 호스트 및 마이크로서비스로 프로덕션 트래픽을 보내지 않도록 서킷 브레이커를 마련했는가?

미사용 권고와 폐기

- 마이크로서비스 폐기 절차를 마련했는가?
- 마이크로서비스의 API 엔드포인트에 대해 미사용 권고 절차를 마련했는가?

확장성과 성능

성장 규모 알기

- 마이크로서비스의 질적 성장 규모는 무엇인가?
- 마이크로서비스의 양적 성장 규모는 무엇인가?

자원의 효율적인 사용

- 마이크로서비스는 전용 또는 공유 하드웨어에서 실행되는가?
- 자원 추상화 및 자원 할당 기술을 사용하는가?

자원 인식

- 마이크로서비스에 필요한 CPU, RAM 등의 자원 요구 사항은 무엇인가?
- 마이크로서비스 인스턴스는 얼마나 많은 트래픽을 처리할 수 있는가?
- 마이크로서비스 인스턴스는 얼마나 많은 CPU를 필요로 하는가?
- 마이크로서비스 인스턴스는 얼마나 많은 메모리를 필요로 하는가?
- 마이크로서비스와 관련된 다른 자원 요구 사항이 있는가?
- 마이크로서비스의 자원 병목 현상은 무엇인가?
- 마이크로서비스는 수직 및 수평 또는 둘 다 확장해야 하는가?

용량 계획

- 예정된 일정대로 용량 계획을 수행하는가?
- 신규 하드웨어를 구입하는 데 얼마나 걸리는가?
- 얼마나 자주 하드웨어를 요청하는가?
- 하드웨어를 요청할 때 마이크로서비스에 우선권이 있는가?
- 용량 계획을 자동화했는가? 아니면 수작업으로 하는가?

종속성 확장

- 마이크로서비스의 종속성은 무엇인가?
- 종속성이 있는 마이크로서비스는 확장 가능하고 효율적인가?
- 마이크로서비스의 예상되는 성장에 따라 종속성이 있는 다른 마이크로서비스에 대해 확장 가능한가?
- 종속성이 있는 마이크로서비스의 담당자는 마이크로서비스의 예상되는 성장에 대비하는가?

트래픽 관리

- 마이크로서비스의 트래픽 패턴을 잘 이해하고 있는가?
- 트래픽 패턴에 따라 예정된 일정대로 서비스의 변경이 이뤄지는가?
- 트래픽 패턴의 급격한 변화, 특히 트래픽의 폭발적인 증가를 신중하고 적절하게 처리하는가?
- 장애가 발생할 경우 트래픽을 다른 데이터센터로 자동으로 전송할 수 있는가?

작업 취급과 처리

- 마이크로서비스가 확장 가능하고 뛰어난 성능을 제공할 수 있는 프로그래밍 언어로 작성되는가?
- 마이크로서비스가 요청을 다루는 방식에 확장성 및 성능에 대한 제한이 있는가?
- 마이크로서비스가 작업을 처리하는 방식에 확장성 및 성능에 대한 제한이 있는가?
- 마이크로서비스 팀의 개발자는 서비스가 작업을 어떻게 처리하는지, 해당 작업을 얼마나 효율적으로 처리하는지, 작업 및 요청 횟수가 증가하면 서비스가 어떻게 동작할지 알고 있는가?

확장 가능한 데이터 저장소

- 마이크로서비스는 확장 가능하고 효율적인 방식으로 데이터를 처리하는가?
- 마이크로서비스는 어떤 유형의 데이터를 저장해야 하는가?
- 데이터에 필요한 스키마는 무엇인가?
- 필요한 초당 트랜잭션 횟수 또는 생성되는 초당 트랜잭션 횟수는?
- 마이크로서비스는 읽기 또는 쓰기에 대한 더 좋은 성능을 필요로 하는가?
- 읽기 요청이 많은가? 쓰기 요청이 많은가? 아니면 둘 다 많은가?

- 서비스의 데이터베이스는 수평 또는 수직으로 확장 가능한가? 복제 또는 파티셔닝 돼 있는가?
- 마이크로서비스는 전용 또는 공유 데이터베이스를 사용하는가?
- 서비스가 테스트 데이터를 취급하거나 저장하는 방법은 무엇인가?

내결함성과 재난 대비

단일 장애 지점 방지하기

- 마이크로서비스에 단일 장애 지점이 있는가?
- 하나 이상의 장애 지점이 있는가?
- 장애 지점을 만들지 않도록 설계할 수 있는가? 아니면 완화해야 하는가?

재난과 장애 시나리오

- 마이크로서비스의 장애 시나리오와 발생 가능한 재난을 확인했는가?
- 마이크로서비스 생태계 전반에 흔히 발생하는 장애는 무엇인가?
- 마이크로서비스에 영향을 미치는 하드웨어 계층의 장애 시나리오는 무엇인가?
- 마이크로서비스에 영향을 미치는 통신 계층 및 애플리케이션 계층 장애는 무엇인가?
- 마이크로서비스에 영향을 미치는 종속성 장애의 종류는 무엇인가?
- 마이크로서비스의 가동을 중단시키는 내부 장애는 무엇인가?

복원력 테스트

- 마이크로서비스는 린트 테스트, 단위 테스트, 통합 테스트, 종단간 테스트를 적절히 수행하는가?
- 마이크로서비스는 정기적으로 계획된 부하 테스트를 수행하는가?
- 카오스 테스트를 사용해 가능한 모든 장애 시나리오를 시행하고 검사하는가?

장애 감지 및 복구

- 사고와 가동 중단을 처리하기 위해 기술 조직 전체에 표준화된 절차가 있는가?
- 마이크로서비스의 장애 및 가동 중단은 사업에 어떤 영향을 미치는가?
- 명확하게 정의한 장애 수준이 있는가?
- 명확하게 정의한 완화 전략이 있는가?
- 사고와 가동 중단 문제가 발생할 때 개발 팀은 사고에 대응하는 다섯 단계를 따르는가?

모니터링

주요 지표

- 마이크로서비스의 주요 지표는 무엇인가?
- 호스트 및 인프라 지표는 무엇인가?
- 마이크로서비스 수준의 지표는 무엇인가?
- 마이크로서비스의 모든 주요 지표를 모니터링하는가?

로깅

- 마이크로서비스의 어떤 정보를 기록해야 하는가?
- 마이크로서비스는 중요한 요청을 모두 기록하는가?
- 로깅은 주어진 시간에 마이크로서비스의 상태를 정확하게 반영하는가?
- 로깅 솔루션은 비용 효율이 좋고 확장성이 있는가?

대시보드

- 마이크로서비스는 대시보드가 있는가?
- 대시보드를 쉽게 해석할 수 있는가? 모든 주요 지표를 대시보드에 표시하는가?
- 대시보드를 보고 마이크로서비스가 올바르게 동작하는지 여부를 판단할 수 있는가?

경고 알림

- 모든 주요 지표에 대한 경고 알림이 있는가?
- 모든 경고 알림은 타당한 신호를 제공하는 임곗값으로 정의되는가?
- 가동 중단이 발생하기 전에 경고 알림이 발생하도록 적절한 경고 알림 임곗값을 설정하는가?
- 모든 경고 알림은 실행 가능한가?
- 비상 대기 근무 설명서의 경고 알림에 대해 단계별 분류, 완화, 해결에 대한 지침이 있는가?

비상 대기 순환 근무

- 마이크로서비스 모니터링 업무를 전담하는 비상 대기 순환 근무가 있는가?
- 각각의 비상 대기 교대 근무에는 최소 두 명의 개발자가 있는가?
- 기술 조직 전체에 표준화된 비상 대기 근무 절차가 있는가?

문서화와 이해

마이크로서비스 문서화

- 마이크로서비스에 대한 문서는 중앙에서 일원화해서 관리하고 공유해서 쉽게 접근할 수 있는 장소에 저장하는가?
- 문서를 쉽게 검색할 수 있는가?
- 마이크로서비스에 대한 중요한 변경 사항은 마이크로서비스 문서에 대한 갱신을 수반하는가?
- 마이크로서비스 문서에 마이크로서비스에 대한 설명을 포함하는가?
- 마이크로서비스 문서에 아키텍처 다이어그램을 포함하는가?
- 마이크로서비스 문서에 연락처 및 비상 대기 근무 정보를 포함하는가?
- 마이크로서비스 문서에 중요한 정보에 대한 링크를 포함하는가?
- 마이크로서비스 문서에 온보딩 및 개발 안내서를 포함하는가?
- 마이크로서비스 문서에 마이크로서비스의 요청 흐름, 엔드포인트, 종속성에 대한 정보를 포함하는가?
- 마이크로서비스 문서에 비상 대기 근무 설명서를 포함하는가?
- 마이크로서비스 문서에 FAQ를 포함하는가?

마이크로서비스의 이해

- 팀의 모든 개발자는 마이크로서비스의 생산 준비 상태에 관한 질문에 답할 수 있는 가?
- 마이크로서비스가 보유하고 있는 일련의 원칙과 기준이 있는가?
- 새로운 마이크로서비스마다 RFC 절차가 마련돼 있는가?
- 기존 마이크로서비스를 자주 검토하고 검사하는가?
- 모든 마이크로서비스 팀이 아키텍처 검토를 실시하는가?
- 생산 준비 검사 절차가 마련돼 있는가?
- 생산 준비 로드맵은 마이크로서비스를 생산 준비 상태로 만드는 데 사용되는가?
- 생산 준비 기준은 조직의 OKR을 주도하는가?
- 생산 준비 절차는 자동화돼 있는가?

가동 중단

애플리케이션, 마이크로서비스, 기타 시스템에 접근할 수 없고 동작하지 않는 기간을 일컫는다.

개발 사이클

애플리케이션, 마이크로서비스, 시스템 개발과 관련된 과정 전체를 일컫는다.

개발 환경

마이크로서비스 코드를 작성하기 위해 개발자가 사용하는 도구, 환경 변수, 프로세스를 포함한 시스템이다.

개발자 속도

개발 팀이 반복해 신규 기능을 출시하고 전개할 수 있는 속도다.

경고 알림

서비스의 주요 지표 중 하나가 위험 또는 주의 임곗값에 도달했을 때 비상 대기 근무 중인 개발자에게 알리는 일이다.

경고 임곗값

문제의 주요 지표가 정상, 주의, 위험 수준에 있음을 나타내기 위해 설정한 정적, 동적인 수치이며 해당 임곗값에 도달하면 실행 가능한 경고가 작동한다.

공유 하드웨어

둘 이상의 애플리케이션, 마이크로서비스, 시스템의 데이터를 동시에 운영하거나 저장하는 데 사용되는 서버 또는 데이터베이스를 일컫는다.

내부 장애

마이크로서비스 내의 장애를 말한다.

단위 테스트

작은 조각 또는 단위나 마이크로서비스 코드를 실행하는 작고 독립적인 테스트를 말한다. 코드 테스트 중 한 부분이다.

단일 장애 지점(SPOF)

애플리케이션, 마이크로서비스, 시스템의 어느 한 부분이 동작하지 않을 경우 애플리케이션, 마이크로서비스, 시스템이 중단되는데, 동작하지 않는 부분을 일컫는다.

대시보드

애플리케이션, 마이크로서비스, 시스템의 상태, 상황, 동작, 주요 지표에 대한 그래프 및 차트가 포함된 시각적인 도표를 내부 사이트에 표현한 것이다.

동시성

동시성이 있는 애플리케이션과 마이크로서비스는 모든 작업을 수행하는 하나의 프로세스만 있는 것이 아니며 각 작업을 작은 부분으로 나눠 처리한다. 확장성에 필요한 기본 속성이다.

로깅

애플리케이션, 마이크로서비스, 시스템의 이벤트를 기록하는 것이다.

로드 밸런싱

여러 서버 또는 마이크로서비스에 트래픽을 분산시키는 장치 또는 서비스를 일컫는다.

린트 테스트

구문과 스타일 오류를 검사하는 테스트다. 코드 테스트 중 한 부분이다.

마이크로서비스

대규모 시스템 내에서 하나의 기능을 수행할 책임이 있는 작고 교체가 가능하며 모듈 형태로 독립적으로 개발되고 독립적으로 전개된 소프트웨어 애플리케이션이다.

마이크로서비스 계층

마이크로서비스 생태계의 네 번째 계층이며 마이크로서비스 및 마이크로서비스에 특정적인 모든 구성을 포함한다.

마이크로서비스 생태계

마이크로서비스와 인프라를 포함한 시스템 전체를 일컫는 용어로 마이크로서비스 계층, 애플리케이션 플랫폼 계층, 통신 계층, 하드웨어 계층으로 나눌 수 있다.

마이크로서비스 지표

마이크로서비스 생태계의 마이크로서비스 계층에 있는 마이크로서비스에 고유한 주요 지표다.

모놀리스

모든 애플리케이션 관련 코드 및 기능을 포함하는 단일 애플리케이션으로 유지 관리, 실행, 전개되는 크고 복잡한 소프트웨어 시스템이다.

모놀리스 분리

거대한 모놀리식 애플리케이션을 일련의 마이크로서비스로 분리하는 과정에 부여한 이름이다.

모니터링

애플리케이션 또는 마이크로서비스의 주요 지표의 상태, 상황, 동작을 긴 시간에 걸쳐 관찰하고 추적하는 일이다.

미사용 권고

마이크로서비스 또는 마이크로서비스의 엔드포인트를 더 이상 개발 팀이 관리하지 않고 업스트림 서비스 또는 클라이언트에 사용을 권장하지 않을 때 쓰이는 용어다.

민하드웨어

이 용어는 소위 클라우드 공급자가 임대하는 하드웨어와 대조적으로 조직 자체가 소유, 운영, 유지 관리하는 서버를 언급할 때 사용한다.

발행-구독 메시징

클라이언트가 임의의 주제를 구독하고 발행자가 해당 주제에 대해 메시지를 발행할 때마다 메시지를 수신하는 비동기 메시징 패러다임이다.

방어 캐싱

종속성이 있는 다운스트림 서비스를 가용할 수 없는 경우 마이크로서비스의 안정성 및 신뢰성 문제가 발생하지 않도록 마이크로서비스에 종속성이 있는 다운스트림 서비스의 데이터를 캐시하는 방식이다.

비상 대기 교대 근무

개발자 또는 운영 엔지니어 그룹은 애플리케이션, 마이크로서비스, 시스템의 경고 사고 장애를 대응, 완화, 해결할 책임이 있다.

비상 대기 근무 설명서

일반적인 사고 및 가동 중단의 대응 절차, 각 경고를 분류, 완화, 해결하는 방법에 대한 단계별 지침, 마이크로서비스의 디버그 및 문제 해결 방법에 대한 일반적인 정보를 포함하는 마이크로서비스 문서다. 서비스에 대해 비상 대기 근무하는 개발자 또는 운영 엔지니어가 사용한다.

사이트 안정 엔지니어링(SRE)

대규모 회사에서 기술 조직 내의 애플리케이션, 마이크로서비스, 시스템의 안정성을 담당하는 운영 엔지니어를 일컫는다.

3-계층 아키텍처

프론트엔드(또는 클라이언트), 백엔드, 임의의 한 유형의 데이터 저장소로 구성된 소프트웨어 애플리케이션의 기본 아키텍처를 일컫는다.

생산

실세계의 모든 트래픽을 처리하는 전개 파이프라인의 최종 단계다. 또한 실세계 트래픽과 해당 트래픽을 처리하는 환경을 나타내기 위해 사용한다.

생산 준비 검사

생산 준비 점검표를 사용해 마이크로서비스의 생산 준비성을 평가하는 과정이다.

생산 준비 로드맵

마이크로서비스를 생산 준비 상태로 만들기 위해 취해야 할 단계를 자세히 기술한 생산 준비 과정의 일부로 사용되는 문서다.

생산 준비 자동화

각 마이크로서비스가 각각의 생산 준비 기준과 관련된 요구 사항을 준수하는지 여부를 프로그래밍적으로 검사해 마이크로서비스가 생산 준비 기준을 충족하는지 확인하는 방법이다.

생산 준비 점검표

생산 준비 기준 목록과 각 생산 준비 기준을 달성하기 위해 시행할 수 있는 특정 요구 사항을 일컫는다.

생산 준비도 점수

해당 마이크로서비스가 각 생산 준비 기준과 관련된 요구 사항을 얼마나 잘 충족시키는지를 기준으로 계산해 마이크로서비스에 부여한 점수다.

생산 후보

개발 사이클에서 린트 테스트, 단위 테스트, 통합 테

스트, 종단간 테스트를 성공적으로 통과하고 전개 파이프라인으로 도입할 준비가 된 빌드다.

셀프 서비스 내부 도구

개발자가 마이크로서비스 생태계의 하위 계층과 협력해 마이크로서비스를 개발, 전개, 실행하는 데 도움이 되도록 만들어진 마이크로서비스 생태계의 애플리케이션 플랫폼 계층에 표준화된 도구다.

서비스 디스커버리

마이크로서비스의 모든 인스턴스가 운영되는 곳을 탐색해 애플리케이션 실행 서버로 적절히 트래픽을 전송하는 시스템이다.

서비스 레지스트리

마이크로서비스 생태계 내의 모든 마이크로서비스. 시스템의 모든 포트, IP를 추적하는 데이터베이스다.

성장 규모

애플리케이션, 마이크로서비스, 시스템의 확장 크기를 말한다. 모든 애플리케이션, 마이크로서비스, 시스템에는 양적 성장 규모와 질적 성장 규모의 두 가지 유형이 있다.

수직 확장

애플리케이션이나 시스템을 실행하는 각 호스트의 자원(CPU, RAM)을 늘려 애플리케이션이나 시스템을 확장하는 것을 일컫는다.

수평 확장

서버나 다른 하드웨어 자원을 더 추가해 애플리케이션이나 시스템을 확장하는 것을 말한다.

스테이징

프로덕션 트래픽을 처리하지 않으며 새로운 빌드를 시험하는 데 사용되는 전개 파이프라인의 첫 번째 단계를 일컫는다. 보통 생산 환경의 복사본이며 풀 스테이징 또는 파셜 스테이징으로 시행할 수 있다.

실행 가능한 경고

경고 알림이 작동되면 문제를 분류, 완화, 해결할 수 있는 비상 대기 순환 근무에 대한 단계별 절차가 있다.

아키텍처 검토

마이크로서비스의 아키텍처를 평가, 이해, 개선하기 위한 조직적인 관례 및 절차다.

아키텍처 다이어그램

마이크로서비스 아키텍처에 대한 고수준의 시각적 표현이다.

애플리케이션 프로그래밍 인터페이스(API)

각 마이크로서비스의 잘 정의된 클라이언트 측 인터페이스로써 다른 서비스가 정적인 엔드포인트에 요청을 보내 프로그래밍 방식으로 상호 작용할 수 있다.

애플리케이션 플랫폼 계층

셀프 서비스 내부 도구, 개발 환경, 테스트, 패키징, 빌드, 릴리즈 도구, 전개 파이프라인, 마이크로서비스 수준 로깅, 마이크로서비스 수준 모니터링을 포함하는 마이크로서비스 생태계의 세 번째 계층이다.

양적 성장 규모

애플리케이션, 마이크로서비스, 시스템의 확장 정도에 대한 정량적 수치를 말한다. 질적 성장 규모를 측정 가능한 양으로 변환해 얻은 값이다. 성장 규모의

한 형태로써 일반적으로 애플리케이션, 마이크로서비스, 시스템에서 처리할 수 있는 초당 요청 수, 초당 쿼리 수, 초당 트랜잭션 수로 표현된다.

엔드포인트

이 책에서는 요청이 전송되는 마이크로서비스의 정적인 API 엔드포인트(HTTP, Thrift 등)를 나타낸다.

역콘웨이의 법칙

콘웨이의 법칙의 역으로, 회사의 조직 구조가 제품의 구조로 결정된다는 것을 나타낸다.

외부 장애

마이크로서비스 생태계 계층 중 하위 세 계층에서 발생한 장애를 말한다.

요청 흐름

임의의 마이크로서비스에서 다른 마이크로서비스로 요청 시 취해진 과정의 형태를 말한다.

요청-응답 메시징

요청 정보에 응답할 마이크로서비스 또는 메시지 중개자에 클라이언트가 요청을 보내는 메시징 패러다임이다.

용량 계획

자원 할당을 계획하고 예정대로 수행하는 조직적 업무다.

운영 엔지니어

시스템 관리자, 테크옵스 엔지니어, 데브옵스 엔지니어, 사이트 안정 엔지니어를 비롯해 소프트웨어 애플리케이션 실행과 관련된 운영 업무를 주로 담당하는

엔지니어다.

원격 프로시저 호출

로컬 프로시저 호출과 똑같이 보이고 동작하도록 설계되고 원격 서버로 네트워크를 통해 호출하는 것을 일컫는다. 마이크로서비스 아키텍처 및 모든 대규모 분산 시스템에서 광범위하게 사용된다.

인프라

이 책에서는 애플리케이션 플랫폼 계층과 통신 계층의 조합 또는 마이크로서비스 생태계의 하위 세 계층(하드웨어 계층, 통신, 애플리케이션 플랫폼 계층)을 일컫는다.

자원

CPU, 메모리, 네트워크 등과 같은 하드웨어 또는 서버의 다양한 성능 속성을 추상화한 것이다.

자원 할당

마이크로서비스 생태계 전반에 사용 가능한 하드웨어 자원을 나누는 것이다.

자원 병목 현상

애플리케이션, 마이크로서비스, 시스템이 자원을 사용하는 방식에 기인한 확장성 제약이다.

자원 요구 사항

애플리케이션, 마이크로서비스, 시스템에 필요한 자원이다.

저장소

애플리케이션 또는 서비스의 모든 소스 코드가 저장되는 중앙 집중식 보관소를 일컫는다.

전개

신규 빌드를 서버로 보내고 서비스가 시작되는 절차를 말한다.

전개 파이프라인

신규 빌드를 세 단계(스테이징, 카나리아, 생산)로 전개하는 절차를 말한다.

전용 하드웨어

하나의 애플리케이션, 마이크로서비스, 시스템에 대해서만 데이터를 호스팅하거나 저장하는 서버 또는 데이터베이스다.

종단간 테스트

엔드포인트, 클라이언트, 종속성, 데이터베이스를 시험해 애플리케이션, 서비스, 시스템의 변경 사항이 예상대로 작동하는지 여부를 검사하는 테스트다.

종속성

임의의 마이크로서비스가 요청하는 다른 마이크로서비스를 일컫는다. 또한 마이크로서비스가 의존하는 라이브러리를 지칭하거나 마이크로서비스가 의존하는 제3의 외부 서비스를 지칭하기 위해 사용한다.

주요 지표

애플리케이션, 마이크로서비스, 시스템의 상태, 상황, 동작을 설명하는 데 필요 충분한 애플리케이션, 마이크로서비스, 시스템의 속성이다.

지속적인 통합

코드의 새로운 변경 사항을 계획하에 연속적으로 통합, 테스트, 패키징, 빌드하기 위한 자동화된 절차다.

질적 성장 규모

고수준 사업 지표와 관련된 애플리케이션, 마이크로서비스, 시스템의 확장 정도에 대한 고수준의 정량적 수치를 일컫는다. 성장 규모의 한 형태다.

카나리아

프로덕션 트래픽을 운영하는 소수의 서버(프로덕션 트래픽의 2~5%)를 포함하는 전개 파이프라인의 두 번째 단계다. 모든 프로덕션 서버로 출시하기 전에 스테이징 단계를 통과한 신규 빌드를 검사하는 데 사용한다.

코드 테스트

마이크로서비스의 구문, 스타일, 개별 구성 요소, 구성 요소의 작동 방식, 복잡한 종속성 사슬 내에서 마이크로서비스가 수행하는 방식을 검사하는 테스트다. 린트 테스트, 단위 테스트, 통합 테스트, 종단간 테스트로 구성된다.

콘웨이의 법칙

회사 제품의 아키텍처 구조는 조직의 의사 소통 구조에 의해 결정된다는 멜빈 콘웨이의 이름을 따서 명명한 소프트웨어 아키텍처에 대한 비공식적인 '법칙'이다(역콘웨이의 법칙 참조).

클라우드 공급자

아마존 웹 서비스(AWS), 구글 클라우드 플랫폼(GCP), 마이크로소프트 애저(Microsoft Azure)와 같은 회사는 하드웨어 자원을 대여하고 보안 네트워크를 통해 쉽게 접근할 수 있도록 한다.

통신 계층

마이크로서비스 생태계의 두 번째 계층이다. DNS, RPC 프레임워크, 엔드포인트, 메시징, 서비스 디스커버리, 서비스 레지스트리, 로드 밸런싱을 포함한다.

통합 테스트

단위 테스트를 사용해 개별적으로 시험한 마이크로서비스의 구성 요소가 동시에 어떻게 작동하는지 함께 시험하는 테스트다.

파셜 스테이징

전개 파이프라인의 스테이징 단계가 생산 환경의 전체 복사본이 아니라 스테이징 환경의 마이크로서비스가 생산 버전의 클라이언트, 종속성, 데이터베이스와 통신하는 경우를 일컫는다.

파티셔닝

병렬로 처리할 수 있는 작은 부분으로 각 작업을 분할하는 과정 및 구조적인 작업이다. 확장성의 필수 속성이다.

폐기

마이크로서비스 또는 API 엔드포인트를 폐기해 더 이상 업스트림 클라이언트 서비스에서 사용할 수 없도록 하는 절차다.

풀 스테이징

전개 파이프라인의 스테이징 단계가 생산 환경의 전체 복사본으로 실행됨을 일컫는다.

하드웨어 계층

마이크로서비스 생태계의 첫 번째 계층이다. 물리적인 서버, 운영 체제, 자원 격리 및 자원 추상화, 구성 관리, 호스트 수준 모니터링, 호스트 수준 로깅을 포함한다.

하드웨어 자원

용어 설명의 '자원' 참고

호스트 및 인프라 지표

마이크로서비스 생태계의 하위 세 계층(하드웨어 계층, 통신 계층, 애플리케이션 플랫폼 계층)의 주요 지표를 일컫는다.

호스트 패리티

서로 다른 두 개의 환경, 시스템, 데이터센터나 스테이징 환경 및 생산 환경과 같이 전개 파이프라인의 각 단계에서의 호스트 수가 동일한 경우를 말한다.

찾아보기

에이콘출판의 기틀을 마련하신 故 정완재 선생님 (1935-2004)

마이크로서비스 구축과 운영
표준화 시스템 구축으로 서비스 생산과 운영 준비하기

발 행 | 2019년 5월 31일

지은이 | 수잔 파울러
옮긴이 | 서 영 일

펴낸이 | 권 성 준
편집장 | 황 영 주
편 집 | 이 지 은
디자인 | 박 주 란

에이콘출판주식회사
서울특별시 양천구 국회대로 287 (목동)
전화 02-2653-7600, 팩스 02-2653-0433
www.acornpub.co.kr / editor@acornpub.co.kr

한국어판 ⓒ 에이콘출판주식회사, 2019, Printed in Korea.
ISBN 979-11-6175-310-2
http://www.acornpub.co.kr/book/production-microservices

이 도서의 국립중앙도서관 출판시도서목록(CIP)은 서지정보유통지원시스템 홈페이지(http://seoji.nl.go.kr)와
국가자료공동목록시스템(http://www.nl.go.kr/kolisnet)에서 이용하실 수 있습니다.(CIP제어번호: CIP2019010298)

책값은 뒤표지에 있습니다.